人生が変わる

1日1つ断捨離

One a day, let's start "DAN SYA RI"!

やましたひでこ

永岡書店

はじめに

ごきげんさまです。
断捨離のやましたひでこです。

私が断捨離を提唱してから、
早いことで20年が過ぎました。
おかげさまで多くの方が断捨離に取り組まれ、
数々の「人生激変」のドラマを見せていただくことができました。

自宅のリビングで数人で講座を始めたときには、
想像もできなかったことです。

気分が上がらなかったり、自分に自信がない……
ものごとがうまくいかない原因が、自分が暮らす
部屋のせいだとは思わなかったかもしれません。
でも、私は断言します。断捨離で部屋がスッキリするだけで、
空間が変わるだけで、それらの悩みが必ず解決に向かいます。

部屋がモノであふれていると疲れますよね。
人間関係もうまくいかないし、
心もどんよりとして苦しいですよね。
なんとか、このつらい状況から脱出したいですよね。
「断捨離を始めてみよう」と思ったならばもう大丈夫。
出口に向かっていますから。

本書は、断捨離初心者、そして断捨離が
うまくできなかった人のために贈るバイブルです。
みなさんの人生が輝かしいものに変わるまで、
やましたが伴走します。

１日、１つからでいいんです！
さあ、人生が変わる
断捨離を始めましょう！

今こそ、断捨離！
まずは自分の部屋を俯瞰してみよう

断捨離は、片づけのメソッドではありません。モノと向き合い、自分にとって「必要なのか、不要なのか」を判断し続けることによって「本当の自分」を知ることができる、いわば「自己探訪《じこたんぼう》のツール」です。

今の自分は、本当に望んだ人生を生きているでしょうか。自分らしい道を歩いているでしょうか？　もしそうでないのなら、何かを我慢しているのかもしれないし、本当の望みがわかっていないのかもしれません。断捨離は、モノの取捨選択を通してそれを明確に、クリアにしていく作業なのです。

1つワークをしてみましょう。あなたは巨人です。自分の家の屋根をあけ、中をのぞいていきます。どのような状態になっていますか？　押し入れや天袋も、全部のぞいてみましょう。俯瞰してみると、現状がよくわかりますね。

俯瞰してみた感想を書いてみましょう！

断捨離で人生は必ず変わります！

そう断言するには、理由があります。

人生をよりよくするために必要なことは何だと思いますか。それは、自分の「意識」です。不安や否定などの感情に支配されて生きるのと、安心して肯定して生きていくのでは大きく違いますよね。ではどうすればその意識が変わるのか。それはたった1つ「行動をすること」。どれだけ知識を得るよりも、行動する方が簡単に意識変容を起こせるのです。

断捨離はすべてが「行動」です。目の前の不要なモノを手放していくという行動により爽快感や達成感が生まれ、心に変化が生まれます。すると気づきが起こり、ふたをしていた人生の突破口が見つかるのです。これこそが、人生における圧倒的なアドバンテージ。それを可能にするのが断捨離です。早速始めてみましょう。

断捨離の3Action

Action 1

開けて

収納の扉や引き出しを開く

Action 2

広げて

中に入っているモノをすべて出し、テーブルや床に並べる

Action 3

選択する

「いる」「いらない」「保留」に分ける

これを1か所につき、最低でも3回繰り返します。

断捨離の3Actionをさらに詳しく見てみましょう

すぐに3回行うのではなく、数日空けてトライしてみましょう。「保留」にしたモノがどんどん減っていきますよ。

Action 1

開ける

▼現状と向き合う最初のアクションは引き出しや収納扉を開けること。まずは1か所からでOK。家中の収納扉を開ける必要はありません。

▼断捨離は頭で考えるよりも行動を先に起こすのが鉄則。まずは何も考えずに、「開ける」というアクションを起こしてみましょう。

Action 2

広げる

▼中に入っていたモノを全部出すと、「え、こんなに入っていたの?」とその量に驚きます。いつも使っているモノ以外は、存在にすら気づいていないのです。

▼立体から平面に広げてみて、その堆積した量を体感しましょう。

Action 3

選択する

▼目の前に並んだモノを「いる」「いらない」「保留」に分けます。判断の基準は「もったいない」「いつか使う」ではなく「今」「私に」必要かどうか。これが断捨離の絶対的な基本となります。

▼1回では判断がつかないため、同じ場所で3回行ってトレーニングしましょう。

1日1つ断捨離を続けると、こんな空間にたどり着くことができます

玄関

玄関にはお気に入りのラグを1枚。靴もスリッパも置きません。帰ってきて最初に目にする場所だから、床もピカピカに磨き上げます。

リビングは
スッキリシンプル空間

リビング

「海が一望できる部屋」に憧れ、夢が叶いました。右手には東京湾が。家具も厳選し、美術館のような空間に。

ピカピカの
「見せる」キッチン

キッチン

モノが少ないからお手入れも簡単なキッチン。清潔なキッチンは、暮らしに安心と健やかさをもたらします。

食器棚はギャラリーのように。お気に入りだけを厳選すれば毎日の食卓が美しく、数もそんなに必要ありません。

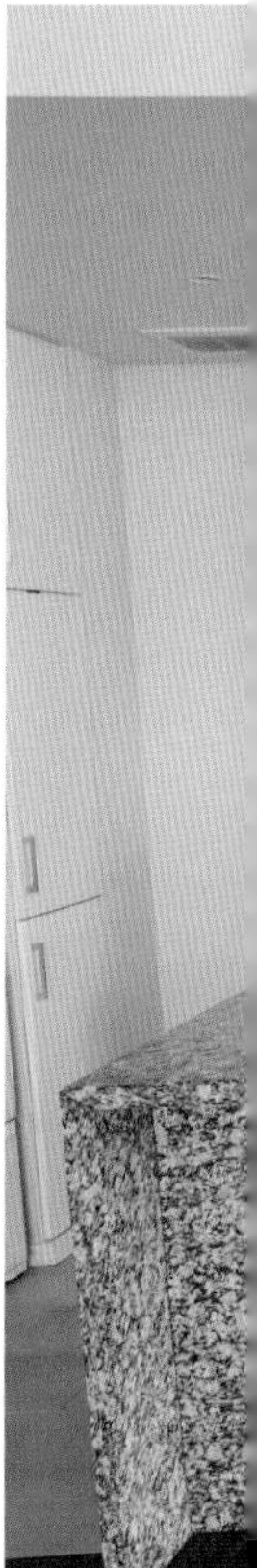

クローゼット

毎朝、セレクトショップでお買い物をしているような気分になるクローゼット。扉を開けるとテンションが上がります。

自身を整える空間は
美しさにこだわって

鏡は磨き上げ、洗面台には最小限のモノを。自分をメンテナンスする場所は、深呼吸したいほど、気持ちいい空間に。

洗面所&トイレ

トイレ内の洗面台下は、必要なモノだけを置く清潔空間。床は、毎日掃除するのでスリッパも置きません。

1章

断捨離でモノとの関係を見直してみませんか？

2章 断捨離で住空間をリセットしませんか？

3章 断捨離トレーニング 実践編

4章 断捨離で、新しい世界に踏み出しませんか？

断捨離でモノとの関係を見直してみませんか？

1章

あなたの生活は
「モノ」が主役になっていませんか。
それは、生活の先にある人生も
自分が主役でないのと同じこと。
暮らしの中でも、主役は自分、モノは脇役です。
モノと自分の適切な関係を築くことが、
断捨離の最初の一歩。

さぁ、まずは冷蔵庫を開けてみる！

断捨離初心者におすすめなのが、捨てる基準が比較的明確な冷蔵庫の断捨離。**まずは中のモノをすべて出して、テーブルの上などに広げてみましょう。**そして処分するモノと残すモノに分けてみましょう。

さて、どのような基準で「残すモノ」を決めましたか？

「捨てるのはもったいないから」でしょうか。それとも「食べたいから」でしょうか。

実は、前者は「モノ軸」、後者は「自分軸」の考え方です。

断捨離は、これまでの「モノ軸思考」から「自分軸思考」へと切り替えていくトレーニング。**モノを優先するのではなく、自分の気持ちや快適さを優先する**という考え方です。冷蔵庫にあるモノを**「もったいないから」ではなく「食べたいかどうか」**で判断して、処分する練習をしてみましょう。

不要なモノ Check!

- □ 賞味期限が切れている
- □ しなびて食べたくない野菜
- □ 開封して時間がたった調味料
- □ 場所を取っている大量の保冷剤
- □ 冷凍庫で霜だらけになっている
- □ 食べたくないモノ　など

冷蔵庫の中身は、あなたとモノとの関係なんです

おもしろいことに、**冷蔵庫の状態はその人の心の中を表します**。

冷蔵庫の中が食材でいっぱいという人は、モノがたくさんないと不安という思考の持ち主です。これだけ食べ物がすぐに手に入る環境にあってもため込みたい。そして、捨てることにも強い抵抗があります。「せっかく買ったのに」「高かったのに」という思考です。明らかに食べられないモノを捨てられないのは「モノを活かせなかった」という自分を認めたくない、という気持ちの表れでもあります。

また、自分にとって必要なモノなのかどうか「わからない」というパターンもあります。これは、**今までモノに対して「無自覚」だった**のが原因。普段から「なんとなく買ってきた」「ほしかったわけじゃないけど安いから買った」という意識で暮らしていると、自分にとって「いる・いらない」がわからなくなってしまうのです。

応用が苦手な人も多い印象です。「モノ（食材）がなければなんとかしよう」という思考が苦手。便利グッズをつい買ってしまうタイプですね。

そして**冷蔵庫の中のいただきモノやおすそ分けを、食べないのに捨てられない人は、人間関係が苦手な傾向**に。言いたいことを言えずにストレスをためてしまうのです。

これらは、家全体のモノに対しても同じ思考が働いているのです。「モノとの関係」とは、主役がモノではなく自分ということ。「使えるから取っておく」のではなく「私が使うから取っておく」が正解です。

そして、さらに進化した関係もあります。「私をごきげんにするモノ」と「私の気分を下げるモノ」。冷蔵庫の中にある「食べたくないけど捨てるにはもったいないモノ」は、自分との関係がいいとは言えません。

冷蔵庫の中身でわかる。こんな問題を抱えてない？

❶ 分別して捨てるのが面倒

断捨離でつまずいてしまう原因のトップがこれ。不要なモノをゴミ袋にどんどん入れるだけなら簡単なのですが「燃えるゴミ、燃えないゴミ、資源ゴミ」に分けなければいけないと思ったとたん「面倒くさい!!　もうやめた！」となってしまいます。

つまり、モノを持つということは、面倒な始末もついてくるということ。**一気に行うのは確かに面倒ですから、「1日1つ断捨離」で始めてみましょう。**1つなら分別するのもそんなに大変ではありませんね。冷蔵庫の奥に忘れられてカビがはえているジャムの瓶。まずは分別して、処分してみましょう。

❷ せっかく買ったモノ。捨てるのに罪悪感がある

断捨離の目的は「モノを死蔵させず活かす」こと。もし自分が「役立たず！」と言われたらショックですよね。せっかく買ったのに放置されているモノも「役立たず」と言われているのと同じ。捨てるのには罪悪感があって、放置していることには罪悪感がないというのはただの思い込みなのです。**食べないモノ、使わないモノ、自分が役立たずにしてしまったモノは「ごめんね」と手放しましょう。**

❸ いつか必要になるかもしれないから取っておく

「いつか」「かも」という意識は、不安の表れ。物資が少なかった昔ならまだしも、今は必要なモノはすぐに手に入ります。それなのにモノを手放せないのは「自分は（経済的に）必要なモノが手に入れられない」と思っているからです。

食品のストックは非常時の備蓄だけで十分。それですら、日常で消費しながらのローリングストックが推奨されているくらいですから。

次は、クローゼットを開けてみて

扉を開けるとすき間なく服があるのに、着る服がない。それはつまり「今、着たいと思う服がない」ということ。そこにあるのは、セールで買ったモノ？　着られなくなったけど気に入っていた服？　ご褒美に買った高い服？　まるで、そこにあることに「言い訳が必要な服」ばかりではありませんか？

こうなってしまうのには、２つの原因があります。まず、服は「旬」というエネルギーをまとっているモノ。**着たくないということは、旬を過ぎたということ**を自分でも感じ取っているということです。

もう1つは、**服を買うときは「気分」で買うのに、手放すときは「モノの価値」で考えるから**。ここに「価値の転換」が起きているために、混乱してしまうのです。

クローゼットの断捨離は案外シンプル。「今、着たい服」以外を手放しましょう。

クローゼットを開けたときに、
気持ちがまったく上がらない

似たような服やヨレヨレの服が
いっぱいある

着たい服が
すぐに出てこない

不要なモノ Check!

- □ 着心地が悪い服
- □ 高かったけれどあまり着ない服
- □ 痩せたら着ようと思っている服
- □ 思い出の服
- □ ヨレヨレのルームウェア
- □ 古びた下着　など

クローゼットの中は、あなたのセルフイメージです

断捨離では「セルフイメージを上げていく」ことを重視しています。**人生を自由に、自分らしく生きるためには「セルフイメージ」がとても大切**だからです。そして、**断捨離は「セルフイメージ」を上げていくレッスン**とも言えます。

では質問です。

3千円のセーターと3万円のセーター、どちらが自分にふさわしいと思いますか？

これは「どちらを自分に与えることを許しますか」とも言い換えることができます。

「3万円のセーターはほしいけど、金銭的には3千円かな」と思ったとしたら、それこそがセルフイメージ。「自分は3万円のセーターを買える経済力がない」という思い込みがあるということです。今は買えなくても、買える自分になることはできます。セルフイメージを上げて「3万円のセーターがふさわしい」自分になればよいのです。

クローゼットの中を見てみると**「自分が許可したモノ」が並んでいるはず。これが、現在の自分の「セルフイメージ」**です。「どうでもいい服」が並んでいるのなら、自分をそう見積もっているということ。ブランドもののバッグがたくさんあるのに使っていないなら「似合っていない」と思っているということ。無難な服ばかりなら「おしゃれは自分に似合わない」というセルフイメージなのかもしれません。

私は、かつてはこの「無難派」でした。でも、おしゃれが楽しいとわかってからは、クローゼットの中が一変。今はカラフルで気分を上げる服だけが並んでいます。

断捨離初心者はまず、毛玉がついたセーターやしわしわのシャツ、よれたルームウェアを自分に許可するのをやめてみましょう。セルフイメージをしっかり意識して。クローゼットを開けるたびにワクワクした気持ちになれれば、その日一日もごきげんで過ごせます。

クローゼットでわかる。こんな問題を抱えてない？

1 ほとんど着ていないので捨てるのがもったいない

新品同様だけど、ほとんど着ていない服ってありますよね。だから捨てることにとても抵抗がある。**ここで意識を向けるべきは「新品同様」ではなく「着ない」という事実**です。着ないのには必ず理由があります。なんとなく着心地が悪い、自分が素敵に見えない……。それがある日突然、着心地がよくなったり、素敵に見えるようになることはありません。高かった服も捨てられない人が多いのですが、高かったのは「買ったときの値段」。10万円で買ったコートは、クローゼットの中ではもう10万円ではありません。さらに、**着ていないならモノの価値はないに等しい**のです。

❷ 似たようなモノがたくさんある

断捨離をすると、似たような服が何枚も出てくることがあります。自分がどんな服を持っているか把握しきれずに、つまり「無自覚」のために似たようなモノを何度も買ってきてしまうというケースです。タイツが何十足も出てきたお宅もありました。

それらのモノで、貴重なクローゼットスペースを占領されるのはもったいない。**お気に入りの服だけに、気持ちよくスタンバイしてもらいましょう。**

❸ 安くなっているとつい買ってしまう

モノには「質」があります。ファストファッションとブランドものでは、生地の質感やデザインの美しさがまるで違います。とはいえ、お手頃価格の服を買うのも楽しいですよね。しかし、**自分のセルフイメージを上げていくためには、安いモノを10枚買うより上質なモノを1枚選ぶようにしましょう。**その方がずっと素敵になれるし、クローゼット全体がアップグレードしていきますよ。

「もったいない」を勘違いしてない？もったいないのは「使わない」こと

断捨離にもっともブレーキをかけるのが「もったいない」という気持ち。モノを大切にすることはよいことであり、世界的にも「MOTTAINAI」という考え方は支持されています。この言葉は「モノの価値を十分に活かしきれず、無駄になっている状態を惜しむ」と定義され、まさに断捨離が提唱しているのと同じことを指摘しています。

モノの価値を十分に活かすとは、つまり使うこと。「十分に」と言っているわけですから、「愛用する」くらいのイメージですね。

しかし、多くのお宅では箱に入ったまま押し入れにしまってあるモノ、ホコリをかぶって放置されているモノ、存在すら忘れられて使用期限も過ぎているモノのオンパレード。こういったモノの扱いこそが「もったいない」と指摘しているのです。

多くの人は、捨てる段になって「まだ使えるのに」「高かったのに」という「もったいない」の感情に襲われます。しかし、日常の中で息をひそめている使われていないモノに対しては「もったいない」と感じていないんですね。ぜひそのことに気づいていただきたいと思います。**モノは使ってこそ価値がある。使わないから「もったいない」のです。**

そして本当にもったいないのは、使われないモノに圧迫されて疲れている自分。使われないモノがはびこっているがゆえにかかる手間や時間。**使われないモノに奪われるエネルギーや空間。それこそが、何よりも「もったいない」モノだと思いませんか？**

断捨離の基本
01

「もったいない」と思うなら、今日から使いましょう！

「もったいない」の正体！

そもそも「もったいない」とは何でしょう。

モノが捨てられない理由は大きく分けて3つあります。**「せっかく買ったのに」という過去執着型、「捨てるのが面倒くさい」という現実逃避型、「いつか使うかも」「捨てたらもう手に入らないかも」という未来不安型。**

「すべてに当てはまる！」という人もいるでしょう。これらが、断捨離にブレーキをかける「もったいない」の正体です。

そして「もったいない」は思考が停止しているサインでもあります。本当に使うのか使わないのか、処分した後に再び手に入れる必要があるモノなのか、考えるのを放棄するための言い訳なんですね。

もったいないの正体

モノが多すぎる状態は「忙しい・狭い・疲れた」というストレスの原因になります。それでもなお、それらのモノを手放すのが「もったいない」のか。それとも不要なモノを選び、手放すことで快適に暮らせることを選ぶのか。考えてみましょう。

Let's write.Why can't you throw it away?

あなたがモノを捨てられない理由を書いてみましょう

「モノが多すぎて、何から始めていいかさっぱりわからない！」というあなたは、捨てられない理由を1つずつあげてみてください。
書き出すことで、あなたが抱えている本当の理由が見えてきますよ。
あなたの心の中を俯瞰してみましょう！

（　リビング　）

（　キッチン　）

（　書斎　）

（　寝室　）

（　バス・トイレ　）

（　玄関　）

（　冷蔵庫の中　）

（　クローゼットの中　）

（　　）

（　　）

「捨てられない人」には、こんな共通点があるのです

捨てられない理由を書いてみて、いかがでしたか？　「せっかく買ったのに捨てるのがもったいない」「家族のモノは捨てられない」「何から手をつけていいかわからない」「捨てたらもう手に入らないかも……」「時間がない」などの理由があがったのではないでしょうか。

実は、これらに共通していることがあります。それは**「今」と「自分」に軸がないこと。意識が「過去」や「未来」や「他人」に向いている。**つまり、**「今を自分のために」生きていない**ということです。

成功者のほとんどは「今」を大切にしています。なぜなら今、目の前のことに全エネルギーを注ぐことで、最高のパフォーマンスを発揮できるから。それが豊かな人生

をつくる基本であることを知っているからです。

でも、多くの人は過去を後悔したり、未来を憂えたり、他人のことを気にしたりして、意識が過去と未来と他人の間をさまよっています。これは「自分のエネルギーがダダもれしている」状態。その証拠に、集中力がなかったり、やる気が起こらなかったり、毎日疲れていますよね。**本来なら100あるエネルギーのうち、「今」「自分」に使える分がほんの少しになってしまっている**のです。

断捨離は「今」「自分」を起点にモノを処分していきます。つねに「今」「自分」を意識するトレーニングであり、その結果、元気なエネルギーを取り戻すというわけです。「今の私に必要か」と呪文のように問いかけてみましょう。

断捨離の基本

02

自分の意識がどこに向いているか、気づいてみる

捨てるための簡単な基準、それは「今」！

過去や未来にさまよう意識は、実にやっかいです。とはいえ、人間が危険を回避するために備わった能力でもありますから、「今」にフォーカスするのが難しいのは事実。でも、今の自分にフォーカスしないとエネルギー不足になるし、自分の現状がどんな状態なのかわからなくなってしまうのです。断捨離は、モノを通して「今」にフォーカスするトレーニングをしていきます。

「何を捨てればいいかわからない」「捨てるモノと捨てないモノの基準がわからない」というときは、まず**「今、必要なモノ」を基準にしましょう。**

過去に手に入れたモノが手放せないのは「執着」です。買うときは「必要だ」と思って買ったはずなのに、今はなんとも思わない。食べようと思って買ったのに今は食べたくない。着ようと思って買ったけど、今は着たくない。過去の自分と今の自分は同じではありません。それなのに、モノが手放せないのは、「今」を見ているのではなく、「モノ」を見ているからです。

未来を憂える「不安」はもっとやっかいです。「いつか使うかも」「これがないと困るかも」という気持ちが見ているのは、不安な未来。使わないかもしれないし、それがなくても困らないかもしれない。それなのに、使うかどうかわからないモノに空間を明け渡して、「今」の生活を圧迫させています。

今日の選択が次の未来をつくります。今、目の前のモノを処分したらスッキリした未来になるし、処分しなかったらモノに埋もれた未来がやってくる。優先すべきなのは「今」だということがわかりますよね。

断捨離の基本

03

今の選択が、よりよき未来をつくっていく

One a day, let's start “DAN SYA RI”!

さあ、1日1つ、断捨離を始めてみましょう！

断捨離の「突破口」が見えてきましたね。さっそく
断捨離を始めてみましょう。
まずは簡単なモノから、ゲーム感覚で行きましょう。

1日1つ断捨離、スタートです。

ポイントをおさらい

- □明らかにゴミと思えるモノから処分
- □セルフイメージを下げているモノかチェック
- □もったいないのはモノではなく、自分の時間と空間とエネルギー
- □意識を「今」と「自分」に向けて、処分するモノを決める
- □1か所につき、（日を改めて）3回は行う

次ページから、私が実際に行っている「小さな断捨離」の実例をご紹介します。簡単にできることをご紹介していますので、ぜひ参考にしてくださいね。

One a day, let's start "DAN SYA RI"!

実践1

ポーチの中

ひからびた除菌シートは、いつから入ってる？

私のポーチは、バッグインバッグの役割も兼ねています。お財布と除菌シート、口紅、ハンカチくらいしか入っていません。ここに充電器が入ることも。メイク道具は外で化粧直しをしないことに気づいて以来、持ち歩かなくなりました。ポーチには出先でもらったレシートやゴミなども入れるので、帰宅後は全部出してすぐに処分します。

断捨離初心者は、「何から手をつけていいかわからない」という人が多いでしょう。まずは小さな「空間」、ポーチの中身から始めてみましょう。

ポーチにはつい、細かいモノを入れがちですね。あめやペン、乾いてしまった除菌シート、マスク、ハンドクリームなど、「いつから入っているんだっけ？」というモノが放置されていませんか？　一度出してみて、「とりあえず入れてある」モノは持ち歩かないようにしてみましょう。

断捨離ポイント

□ 中身を全部出して、広げて、使うモノだけを入れ直す

□ いくつもあるポーチは分散させず、お気に入り1つに絞る

□ 「あれば安心する」モノは、持ち歩かないトレーニングを

まずは
中身を広げて！

One a day, let's start "DAN SYA RI"!

実践 2

お財布の中

お財布はスリムに。
お金持ちの鉄則です

最近は電子マネーが浸透してきて、お財布を持たない人も増えてきました。私もいつの間にか電子マネー派となり、小銭は持たなくなりました。お財布はスリムにしておきたいので、カード用とお札用を2つ持っています。

「どうしたら金運が上がりますか？」という質問は本当に多いのですが、部屋の片づけもさることながら、**お財布の中をスッキリさせる**ことが大前提です。お金が貯まる人は例外なくお財布がスリム。不要なモノなど何も入っていません。

めったに使わないカード、貯まらないポイントカード、くしゃくしゃのレシート、期限切れの割引券などが入っていませんか？　中には黒ずんだお守りが入っている人も。金運が上がるどころではありませんね。断捨離のトレーニングに「毎日お財布を見直す」のはとてもおすすめです。

断捨離ポイント

- □ カード類は「使用頻度が高いモノ」だけを入れる
- □ 毎日、中身をスッキリさせる習慣を
- □ 財布は常に「スリム」を意識する

毎日、
見直す！

One a day, let's start "DAN SYA RI"!

実践 3

バッグの中

バッグの中から「1日1つ断捨離」の習慣をつくりましょう

私はバッグが大好きで、モノを絞り込んでもなお、いくつも持っています。でも、**使い終わったらその日のうちに中身をすべて出して、空っぽに**。ポーチと同じように、バッグは外では「ゴミ箱」にもなります。ゴミをそのまま入れっぱなしにしないこと。

何から断捨離を始めるか悩んだら、持っているバッグをすべて目の前に並べて、中を確認してみましょう。どれだけ不要なモノをバッグの中にため込んでいたか実感できます。まずは**「バッグの中に放置された不用品」から捨てる**練習です。探していたモノが「こんなところにあった！」と見つかることも。いかにモノに無自覚だったか気づくはずです。

スッキリと空になったバッグは、やはり清々しく感じます。気持ちよくスタンバイしてもらうためにも、バッグは使ったその日のうちに空っぽにしておきましょう。

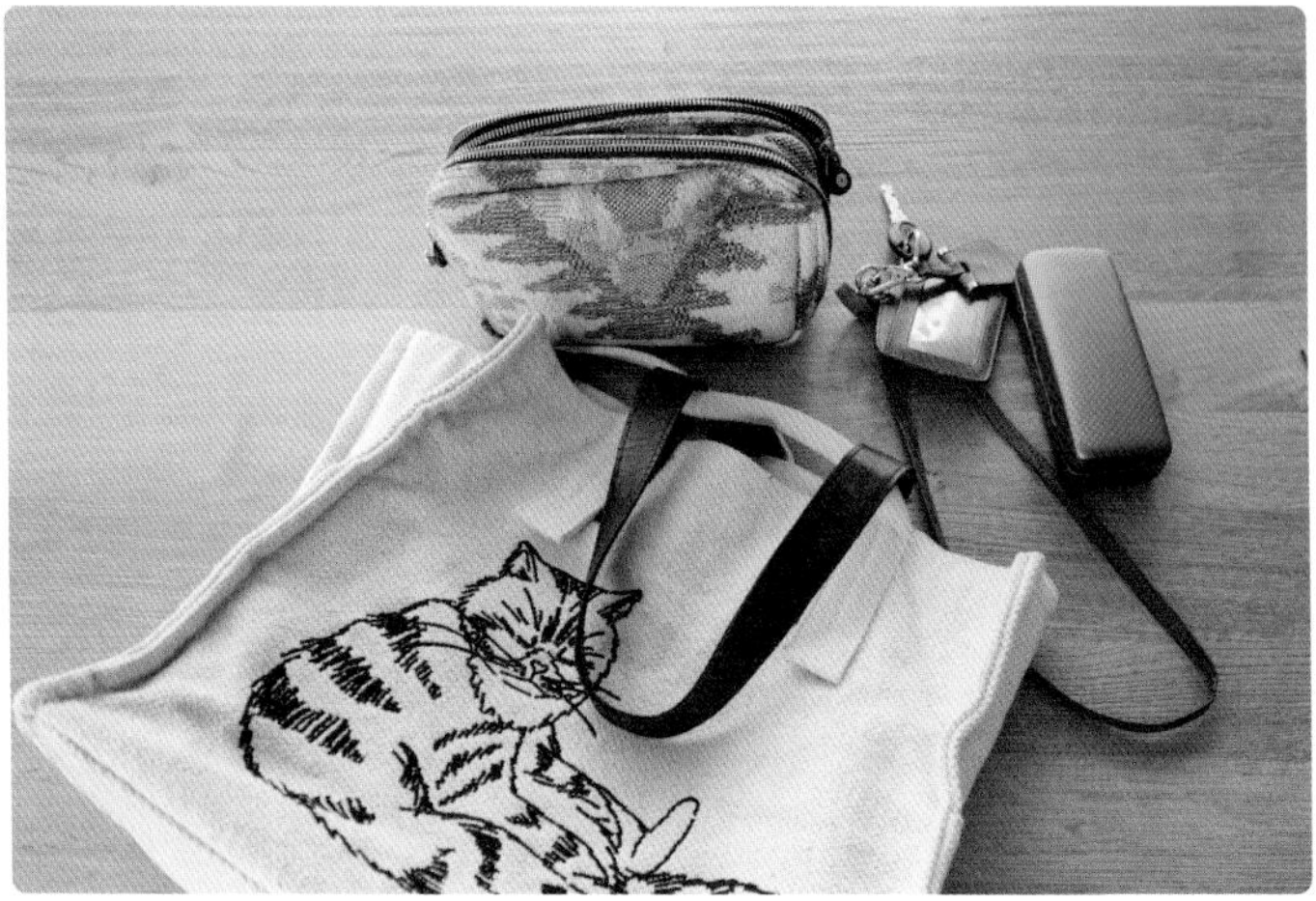

中身は全部出す！

断捨離ポイント

- □バッグは外ではゴミ箱の代わり。その日のうちに空っぽに
- □「1日1つ断捨離」のトレーニングにも
- □すべてのバッグの中を確認してみる

One a day, let's start "DAN SYA RI"!

実践 4

引き出しの中

3分類でざっくり分けると、モノを把握できるようになります

収納上手な人は、引き出しを開けると一見きれいに入っているように見えます。でも、全部出してみるとその量に本人も驚くほど。同じモノがいくつも入っていたり、まったく使わないモノが奥の方から出てきたり。引き出しの断捨離は達成感があるので、エンジンをかけるのにもおすすめです。

断捨離で推奨するのは「3分類」。なぜなら、4つ以上になると人間は「多い」と感じ、管理しきれなくなるからです。**文房具なら「書くモノ／留めるモノ／その他」**で分けたり、**書類なら「重要／進行中／未整理」**で分けたり。その他や未整理も、さらに3分類に分けると、把握しやすくなります。「何があるかわからない」を避けるためには、引き出しの中のモノを把握すること。全体を見渡せるくらいの量に減らすことを目標にしてみましょう。

断捨離ポイント

- □こまごましたモノは3分類で分ける
- □「使えるモノ」ではなく「使うモノ」を残す
- □ストックと今使っているモノを明確に分ける

One a day, let's start "DAN SYA RI"!

実践5

タオル

使い倒して
定期的に新調しましょう

タオルを捨てるのに抵抗がある人は少なくありません。私の実家には20年も使っているボロボロのタオルがありました。新しいタオルは押し入れに山ほどあるのに。母に聞くと「だって、まだ使えるでしょう」と。心当たりがある人も多いのでは？

私は、タオルは6枚を循環させています。半年から1年で、3枚ずつ新調。体をふくモノですから、清潔で気持ちいいモノを自分に与えてあげたいですよね。

タオルの断捨離はまず使い古したモノから。新しいタオルがすでに家族の人数分あるなら、この際すべて取り替えてみましょう。「もったいない……」という気持ちと向き合うのも、断捨離のトレーニングです。お客様用のストックも不要です。**上質なタオルこそ、自分のために使ってあげてくださいね。**

タオルも
循環させて!

断捨離ポイント

- □ 使い古したタオルは「自分に似合わない」という意識を
- □ お客様用のストックは日常使いに昇格
- □ デザインが気に入らないモノは思い切って手放してみる

One a day, let's start "DAN SYA RI"!

実践6

ストック棚の中

ストックする量は、空間から割り出しましょう

「どれくらいストックしてよいのでしょうか」。これもよく聞かれる質問です。私は、ストックは基本は1つあれば十分だと考えますが、収納スペースの大きさで考えましょう。それは、**扉を開いてすべてのアイテムが見渡せる**こと。棚の中にさらに収納ボックスなどをたくさん入れると、その中にこまごまとしたモノを入れてしまいます。そうではなく、棚に飾るようにストックできる量に減らしましょう。

家はスッキリ片づいている人でも、収納棚の中はギュウギュウという人がほとんど。とくにストック癖がある人は、「ないと不安」という気持ちから、あらゆるモノを持っておきたいのです。そもそも「何があるかわからない」なら、なくても同じですよね。我が家のストック棚は、最上段は思い出のモノを飾るギャラリーも兼ねています。見えない場所こそ、見栄えのいい空間にしていきましょう。

断捨離ポイント

- □ すべてのアイテムを見渡せる量が適量
- □ 過剰なストックは「いつも不安な自分」を投影していると認識
- □ 見えない収納も、空間の余白を美しく

見えないところも
断捨離！

One a day, let's start "DAN SYA RI"!

実践 7

冷蔵庫の中

もっともカンタン！
断捨離いろはの「い」

冷蔵庫は断捨離入門編にもっともおすすめです。タオルやお洋服は腐ったりしませんが、食品は明らかに「もう食べられない状態」と判断できますから。**まずはすべて出して、広げてみましょう。**賞味期限切れのモノは片っ端から始末できますね。次に、まだ食べられるモノは「食べたいか」を自分に問いましょう。「もったいないから……」と嫌々食べるくらいなら、心苦しいですが思い切って始末を。

似たような調味料もきっとあるはず。使いかけのポン酢が何本も出てきた家もありました。それらは1本だけ残せばいいですね。そして、不用な収納ケースも手放してみましょう。**冷蔵庫も開けて俯瞰できることが重要。**ワンアクションで取り出し、しまえることが冷蔵庫のスッキリを保つ秘訣。ひと手間かかる収納ケースは、実はモノが堆積する原因になるのです。あとは、残すモノを飾るように収めて完了です！

断捨離スイッチを
入れましょう!

断捨離ポイント

- □賞味期限切れ、食べないモノは思い切って処分
- □「食べられる」ではなく「食べたいか」を基準に
- □「取り出しやすく、しまいやすい」が基本

捨ててみて感じたことを書いてみましょう

不安になった。
スッキリした。
うしろめたくなった。
など

memo

「もったいない」の正体を知っても、過去でも未来でもない「今」に意識を向けましょうと言われても、やっぱり捨てることには不安を感じたかもしれません。手放すことになって後悔したかもしれません。でも、**その「気づき」が大事**なのです。

「捨てる」という行動を起こさなければ、それらのモノに意識を向けることさえなかったでしょう。この先もずっと、家の空間のあちこちで「無用のモノ」として存在し続けていたでしょう。まずは、それらのモノに意識を向けられた。これだけでも大きな進歩です。

モノをためてしまった自分を責める必要はありません。現代社会は誰もがそのリスクと隣り合わせ。気づいたときに断捨離をスタートさせればいいのです。

断捨離の基本

04

行動を起こせば、必ず「気づき」が生まれる

「ゴミ」にも3つのレベルがあるんです

目の前のモノを捨てるか捨てないか。断捨離はその判断を繰り返していくものです。しかし、さまざまな感情に邪魔されて捨てるべきかどうか悩んでしまい、手が止まってしまう。そして、捨てること自体が面倒になってしまいます。断捨離に失敗した経験がある人は、思い当たることがあるのではないでしょうか。

ゴミにはレベルがあります。いきなり、捨てにくい「思い出のモノ」などから着手するのはハードルが高くなりますので、レベル1から始めてみましょう。

レベル1は「分別」です。使えるモノか使えないモノかで判断します。インクが切れたペンは使えないので捨てる。腐った野菜は食べられないので捨てる。簡単ですね。

レベル2は「分類」です。「自分が使うか使わないか」で判断します。「使えるけど、もう使わないな」と思うモノはゴミに分類します。

レベル3は「選択」です。ここから少し難しくなります。レベル2で残した「私が使うモノ」の中から、さらに選択していきます。必要か、必要でないか。人間関係で考えるとわかりやすいかもしれません。学校で仲良しの友達は「必要」ですが、とくに交流のない人は、つき合う必要はありませんね。**モノが堆積している人は、この「交流のない人たち」まで家の中に抱え込んでいる状態**です。

レベル4は最終段階「厳選」です。レベル3で選んだ「必要なモノ」の中から、さらにお気に入りを厳選します。大親友を選ぶイメージです。ここまでくると、ほとんどのモノが不要なモノ＝ゴミになるはずです。

初心者はレベル1からトレーニングをして、できるようになったら次のレベルに進むようにしましょう。すると、自動的にゴミのレベルが変わってきます。

断捨離の基本

05

ゴミの基準が変わってくると断捨離が加速する

主役は「自分」。モノじゃない

モノとは実に不思議です。ここまで私たちを魅了して、執着を生ませてしまうとは。モノがあふれると居心地が悪いとわかっているのに、手に余るほどのモノを抱え込んでしまう。まるで、モノに支配された人生を送っているようです。

たとえば、昨日まではなかったグラスが1つ目の前に登場したとします。自分で買ったモノでも、誰かにいただいたモノでも、おまけでもらったモノでも構いません。「使うかな、使わないかな」「花瓶代わりに使えるかも」「素敵なグラスだから、これで飲むワインでも買ってこようかな」。グラス1つが登場しただけで、いろいろな思いが生まれます。グラスがなければ何も考える必要がなかったというのに……。

つまり、**モノは「煩《わずら》いを生む」**ということ。簡単に言うと、振り回されるということです。自分の人生の貴重な時間をモノに捧げていると言ってもいいでしょう。

大切なのはモノ以上に自分です。自分の時間であり、自分のエネルギー。それをモノに奪われていることに気づいてみましょう。

断捨離を通してお伝えしたいのは、**人生の主役は「モノではなく自分」**ということ。

モノにあふれた家で「モノが多くて狭い」「片づけるのに疲れた」と不快を感じ、ストレスになっているのは、モノに支配されているからです。そして、モノを捨てるときに「まだ使えそう」と考えるのは、モノを主役にした考え方。**使えるかどうかではなく、自分が使うのかどうかが捨てる基準。**ここを間違えてしまう人が本当に多いのです。

あふれるモノに支配されて疲れて生きるなんて、本末転倒。人生とは「自分が」幸せであることが最優先事項ですよね。

断捨離の基本 06

「使えるか」ではなく「私が使う」を基準に

「捨てたらバチがあたるかも……」。それは大きな勘違い！

私たちは子どもの頃、いけないことをすると親や先生に「そんなことをするとバチがあたりますよ！」と怒られたりしました。バチは漢字で「罰」と書きますが、「天罰が下る！」というように、私たちは悪い行いに対して「罰を下される」という意識を持っています。

「まだ使えるモノを捨てるのは、バチがあたりそう」「いただきモノを処分するなんて、天罰が下るかも……」そう感じている人も多いと思います。

では、そのバチとは何でしょう。交通事故に遭う？　病気になる？　お給料が下がる？　それは神のみぞ知るということになりますが、いずれも「困る人生になる」ということですよね。ただし、確率はわかりません。あくまでも「かもしれない」という未来です。

でもあなたは、今、家が片づかなくて困っていませんか？　モノがあふれた家で過ごすのに疲れていませんか？　イライラする自分に困っていませんか？　これらの困りごとは**「かもしれない」ではなく、すでに現実として起きている**ことですね。

バチがあたるかもしれない未来を回避するために「モノを捨てない」という選択をするのか、目の前に現実としてある「困った人生」を解決するためにモノを捨てるのか。この答えに迷うということは、「今」にフォーカスしていないということです。

よりよき未来をつくるのは「今」しかないのです。

断捨離の基本

07

未来の不安よりも、今の困りごとを解決するのが先！

モノの「質」は、あなた自身の「質」でもあります

ホテルでチェックインをするとき、上質な靴を履いている人は、より丁寧にもてなされるという話を聞いたことがあります。みなさんも「この人には丁寧に接しなければ……」と思うことはありませんか？　逆を言うと、粗雑に扱ってもいいと思われてしまうケースもあるということ。駅前の自転車置き場でカゴにゴミが入っている自転車は、どんどんゴミを入れられてしまいます。

これらは何により生まれるかというと、「セルフイメージ」とモノの「質」。ゴミが入っている自転車のカゴは「ゴミを入れても構わない」と思われているのです。

家の中に山のようにあるモノ。使いこなしているモノと使っていないモノがあるでしょう。使っていないモノの中には、存在すら忘れられたモノもたくさんあると思い

ます。つまり、自分にとっては「どうでもいいモノ」。そのようなモノに囲まれて暮らしていると、自分の「質」もどうでもいいモノになっていくのです。

また、厳選したモノを日頃から使っている人と、どうでもいいモノを使っている人では、おそらく醸《かも》し出す雰囲気も違うのでしょう。清潔感や快活さはどちらがあると思いますか？

たかがモノ。でも私たちの暮らしと共存するモノ。**自分の「質」に大きく影響するモノだからこそ、厳選して大好きなモノだけに囲まれましょう。**どうでもいいモノに影響される人生から、もう脱出しましょう。

断捨離の基本 08

自分の質を上げるには、所有するモノの質も上げていく

でもやっぱり捨てられない。どうしてか一緒に考えてみませんか

人からもらったモノ

≫ 使わずにホコリがかぶっているのは、家の中に捨て置いているだけ

押し入れや納戸、食器棚の上から続々と出てくる箱に入ったモノ。引き出物やお祝い、おみやげなどでいただいた品々です。しかし、放置されてホコリがかぶっている状態がほとんどではないでしょうか。

放置されているということは、趣味に合わなかったり、口に合わなかったという証です。

それなのに「いただいたモノだし、捨てるのはちょっと……」とおっしゃる方がほ

とんど。ホコリをかぶったその状態は、「外のゴミ置き場に捨てたか、家の中に捨てたか」の違いだけなのです。

いただきモノを捨てられない人は、普段から自分の気持ちを言えないタイプでもあります。相手の気持ちに配慮するあまり、自分の気持ちは二の次にしてしまう。いただきモノの断捨離を進めると、不思議とそんな自分も治癒されていきます。自分に不要なモノを手放すのは、失礼なことでもなんでもないことに気づくでしょう。

そもそも、いただきモノは相手の「気持ち」をいただくモノですから、受け取った時点でお役目は終えているのです。

申し訳ないという気持ちは手放して、気持ちよく断捨離してください。

思い出の品 ≫ 楽しかった思い出がなくなることはありません

「昔の恋人との思い出の品を捨てられない」という方がいました。その深層心理は「あんな幸せな時間はもう来ない」という自信のなさの表れです。でもこの先、素敵な恋愛をすることができたら、昔の恋人との思い出の品は色あせて見えるはず。その方は勇気を出して思い出の品を手放したところ、素敵なパートナーに出会うことができました。**詰まりが取れて、人生が流れ始めたんですね。**

賞状や盾がホコリをかぶっているお宅も少なくありません。確かにこれらは輝かしい過去を教えてくれるモノ。でも、賞状がなくても輝かしい過去が消えるわけではありませんね。

思い出の品が捨てられない理由は、幸せだった過去を手放すようで心が痛むから。

それを証明するモノがあることで自分を肯定できるからです。**断捨離は、その執着こそ手放したい。**証明するモノがなくても、過去の経験や思い出は十分にすばらしいもの。そのことに気づきましょう。

もう1つ思い出の品で手放せない理由に「もう二度と手に入らないから」ということもあります。確かに、ペン1本でも「思い出のペン」となると手に入れることができません。しかし、多くの人は箱に入れて押し入れにしまったまま。断捨離をして「こんなモノがあった！」と気づくケースは本当に多い。

思い出の品との向き合い方は2つ。**モノで取っておくのではなく、心の中に刻むこと。**実際、存在すら忘れていたのであれば、処分しても困ることはありませんね。

もう1つは飾るなどして思い出を楽しむこと（ただしホコリまみれではない状態で）。これは少々上級者向きですから、断捨離が進んだときのお楽しみとしましょう。

高価なモノ ≫ 日常使いにどんどん昇格させて

高級食器やカトラリー、ブランドもののバッグや靴などの高価なモノは、「使うのがもったいない」としまったままの人が少なくありません。「では、いつ使うのですか？」と聞くと、「ここぞというときに使います」と答えます。

ではこれまでの人生を振り返り、ここぞというときは何回くらいあったでしょうか。そしてその時に、高級品を箱から出して使っていたでしょうか。

高価なモノは、手放すのに勇気がいります。リサイクルショップやフリマアプリで売ってみると高値がつくこともあるかもしれませんが、そもそも「売るのが面倒で放置している」ケースがほとんど。

ならば、**手放す前にどんどん使ってみてはいかがでしょう**。ずっとしまっておくか、処分するか、使うかの3択なら「使う」がいいですよね。

高価なモノは質がよいモノでもあります。コーヒーカップを箱から出して使ってみると、毎日使っているカップとは違う口当たりに感動するかもしれません。ブランドものの靴を履いてみると、気分が高揚するかもしれません。これこそが、モノの価値。**使って初めて価値が生まれるのです。**高価なモノならなおさら、その価値を十二分に感じることができるでしょう。

そして、これがセルフイメージを上げるプロセスにもなります。「上質なモノを日常に使う自分」というセルフイメージができてくると、それが当たり前の日常になっていく。使うことに違和感があったり抵抗があるのは、今のセルフイメージがそれを許可しない、ということです。

✦親や子どものモノ ≫ 思い出の品は「保留」でもOK

以前に伺ったお宅で、「息子が赤ちゃんの頃の服を捨てられない」という方がいらっしゃいました。「孫に着せてあげたいんです」とおっしゃいます。ところが息子さんは40代の独身。孫に着せてあげたいという気持ちはわからないでもないですが、取っておくなら1つで十分ですよね。

子どもが小さい頃の作品も「捨てられないモノ」の上位にあがります。これらを手放せないゆえに、今の子ども部屋が窮屈になっているお宅も少なくありません。大切なのは「今」の子どもたちの生活。**思い出のアイテムは写真に撮ったり、厳選して「箱1つ分」に決めるなどして、今の快適な暮らしを優先させましょう。**子どもたちの豊かな未来をつくるのは、過去の思い出ではなく、「今」の幸せなのです。

親から譲り受けたモノも処分しにくいモノ。「母が海外旅行に行ったときにおみやげに買ってきてくれたセーターなんです」と、何十年も前のモノを大切に取っていた方がいらっしゃいました。着ない理由を聞くと、デザインも好みではなく、なにより「重い」のだそうです。おそらく着ることはないけれど、手放すのも心が痛むというわけです。

家族の思い出のアイテムは、思いが強すぎるため断捨離的には難易度が高いもの。**最初に取り掛からずに、断捨離が慣れてきたら着手することをおすすめします。まずは「保留」としておきましょう。**断捨離を進めて意識が変わってくると、手放すモノ、残すべきモノが自然に判断できるようになりますから。

どうしても捨てられないときは、後回しにしていいの！

「どうしても捨てられないモノ」は誰にでもありますよね。これまでの人生の軌跡でもありますから。それらを手放すのには強い抵抗感があると思います。そういったモノは、無理に処分する必要はありません。今の段階では、まだ残しておきましょうか。

家の中には自分が認識しているモノの10倍くらいのモノがあります。**捨てるのは強い抵抗があるモノからではなく、記憶にすらなかったそれらの「忘却アイテム」から着手です！**

ゴミにはレベルがあるとお伝えしましたね。ゲームのように「レベル1」から攻略していくうちに、手放すのが難しいと思っていたモノから、徐々に執着が消えていきます。すると、それまで「捨てるなんて無理！」と思っていたモノが、あっさり捨てられるようになるのです。これは**「ガラクタEQが上がった」**証拠。

ただし、ガラクタEQを上げていくには断捨離の歩みを止めないことが大切です。意識は行動でしか変えることができません。1日1つで構いませんので、捨てやすいモノから手放す習慣をつけましょう。

そして、**1か所につき3回は繰り返してみてください。**引き出し1つを3回、クローゼットを3回……。そうすることで、「ゴミのレベルが上がる」ことを実感することができます。使えるか使えないかという判断ではなく、お気に入りのモノだけを残せる自分に。1か所の断捨離を繰り返すうちに、レベル4まで到達する気持ちよさを体感できるのです。

ラスボスに対峙するのは最後。それまでは、「弱い敵」で練習です。

断捨離の基本

09

捨てやすいモノから手放すと、ラスボスを倒すパワーを手に入れられる

捨てられないモノは、捨てなくてもいいんです

断捨離は、捨てることを目的としたものではなくモノを「選ぶ」トレーニング。選んだ結果、不要なモノであれば処分する、というものです。ですから、必ずしも「捨てなければならない」わけではありません。

ただし、難しいのはその基準です。「もったいない」「いつか使うかも」「まだ使えるから」「捨てたらバチがあたるかも」という思考で捨てられないのなら、その思考こそ修正する必要があります。なぜなら、その思考パターンがある限りモノが優先される、モノに支配される、モノが主役の人生を送ることになるからです。

「捨てない損」にも目を向けてみましょう。モノがあるということは手間がかかります。掃除もしにくくなり、イライラしたり面倒が増えたりしますね。モノのおかげで「狭い、疲れる」というストレスを受けることにもなります。「まだ使えるからもった

いない」とモノを取っておくことと、モノがあることによるストレスを比較してみると、意外とするりと捨てられることも。

それでもなお、捨てられないモノならば、大切に保管しましょう。悩みぬいて残したモノですから押し入れの隅に追いやらず、ホコリがかぶるようなことがないように、**特等席に保管してあげてください**ね。

そしていつか、執着を手放せる日がきたら気持ちよくお別れしましょう。「大切に保管する」ことも、モノとの向き合い方の1つです。

断捨離の基本 10
捨てることが目的ではなく、捨てない思考を修正するトレーニング

断捨離の第一歩は「見切り発車」。だって行動することが大事だから

日本人は実にまじめで勤勉です。何かを始めるときは、きちんと準備をしてから取り掛かる人が少なくありません。断捨離の本もおかげさまで何冊も出ており「断捨離って何？」「どうやってやるの？」と本を参考にされる方も多いでしょう。もちろん、基本や考え方を知っていただくことは大切です。しかし、本を読んだだけで部屋がきれいになるわけではありませんね。

断捨離は「ここまで学べばできるようになる」というものではありません。何冊もの本を読むよりも、キッチンにある傷んだ菜箸を捨てた方がずっと効果的。**行動を起こせば「思ったよりも簡単に捨てられた！」「捨てたら空間が生まれてスッキリした」という実感が伴う**からです。

そして、大きな目標を立てることもあまりおすすめしていません。目標を立ててし

まうと、それを達成できなかったときに、自分を責めてしまうからです。**1日1つ何かを捨てるだけで、確実に昨日よりも執着を手放せましたよね。**空間が生まれましたよね。それを褒めて、認める「加点法」で進めていきましょう。

また「やるからにはゾーン分けもきっちりやろう！」と頑張らなくても大丈夫です。なぜなら、モノをどんどん処分していくうちに、収納スペースや部屋の使い方も変わっていくからです。初めは**「家の中をざっくり断捨離」**で十分です。

断捨離は「よくわからないけど、とりあえずやってみよう」が正解。つまり「見切り発車」でよいのです。**断捨離は「できるか、できないか」ではなく「するか、しないか」。**さあ、まずは1つ捨ててみましょう。

断捨離の基本

11

断捨離がよくわからなくても、まずは何かを1つ捨ててみる

買い物に失敗した自分を許してあげて。私だって失敗します

「せっかく買ったのに、使わなかったな……」と後悔すること、ありますよね。モノを処分することよりも、無駄なモノを買ってしまった自分、モノを使いこなせなかった自分に対して残念な気持ちになったり、腹立たしく思ってしまうからです。しかし、失敗は誰にでもあります。私も、いまだにあるくらいですから。

買い物の失敗を認めてあげられるようになると、不思議とモノを手放しやすくなります。「せっかく……」という気持ちがむくむくとわいてきたら「失敗しちゃってごめんね。今度から気をつけるね」と言って手放してみましょう。失敗を受け入れると、捨てる自分を許容できるようになるのです。もちろん、失敗を推奨しているわけではありません。でも「絶対に失敗しないで生きる」なんて、できませんよね。

私は「トライ&エラー」の考え方が大好きです。何事も、やってみないとわからない。買ってみたけれど、家に帰ったら高揚した気分がなくなってしまった。買ってみたものの、あまり使い勝手がよくなかった。そういうことは、ままあります。自分を責めないようにしましょう。

「トライ&エラー」とは、エラーを恐れずにトライすること。失敗したら修正すればいい。この考え方や行動が身につくと人生のさまざまな局面でも役に立ち、チャンスを活かせる自分になっていきます。実に学びの多い体験です。

断捨離の場合は、使いこなせなかったモノがいわゆる「エラー」です。しかしエラーなくしては学びもありません。**買ったのに使いこなせなかったモノたちは「自分を成長させてくれる糧《かて》」**となりますから、感謝してお別れしましょう。

断捨離の基本 12

自分の失敗を許し、受け入れると手放す抵抗が少なくなる

目の前のモノを捨てていく。それしかないの！

断捨離は準備など必要なく「見切り発車」が正解だとお伝えしましたね。「この順番で」というルールもありません。そのため、「始めるきっかけが、なかなかつかめない」という人も少なくありません。

講座の終わりに「さて、いつから始めますか？」と聞くと「ゆっくり自分のペースでやってみます」と答える人がいらっしゃいます。それは「未来に先延ばしします」と言っているようなもの。「今度の休みに時間を取ってやります」という人もいらっしゃいます。でも、**断捨離のためにわざわざ時間を取らなくてもいいのです。今、目の前のモノを1つ捨ててみましょう。**それが断捨離の第一歩。たった1分で終わるかもしれません。「本当にこれだけでいいの？」と思うかもしれません。それを次の日も、その次の日も繰り返してみてください。**不要なモノを1日1つ。**

断捨離の基本 13

初めの一歩は、目の前のゴミ1つから！

断捨離は、継続してこそ真価を発揮します。モノを通して自分にとっての「要・適・快」「不要・不適・不快」を問い続けるものだからです。そうすることで、「本当に自分が望むもの」が見えてくる。人生に足りていなかったもの、手放してよいものが見えてくるのです。自己を知り、本当に望む人生を歩むことが必ずできるようになる。そのためには、一気に断捨離するよりも、少しずつ、継続して取り組む方が効果的なのです。

難しいことは何もありません。わざわざ時間を取る必要もありません。毎日コツコツと捨てていく習慣が身につけば、人生が大きく変わる道を歩み始めることになるでしょう。

俯瞰力が身につくと断捨離が進みます

モノの散らかりに悩んでいる。苦しんでいる。それは「思考の混乱」の表れでもあります。それなのに、モノがあふれた家で暮らし続けているということは、家の状態も、自分の状態も、自分の人生も見えていない。つまり、俯瞰できていないということです。なぜ俯瞰できないかというと、モノや情報にあふれた現代社会は、とても近視眼的になってしまっているからです。

俯瞰とは何でしょうか。たとえば自分の家を説明するときに、ご近所の人ならば「○○町の○丁目○番」でも通じるでしょう。でも海外に住んでいる人には「日本↓○○県↓○○市↓○○町」と伝えなければ、どこだかさっぱりわかりませんね。この「日本」から認識するのが「俯瞰する」ということです。

俯瞰力を磨くには、断捨離の「3分類」が最適です。3分類とは「大分類」↓「中

分類」→「小分類」と、分類したいアイテムを3つのジャンルに分ける方法。

たとえばキッチンを俯瞰して「調理器具」「食器」「食材」に分けます。これが大分類です。中分類は、それぞれをさらに3分類に分けます。調理器具から「シンクまわり（ボウル、包丁など）」「コンロまわり（鍋、おたまなど）」「家電類」と3分類できますね。小分類はさらに細分化し、シンクまわりのモノを「洗うモノ、切るモノ、その他」といった具合に分けていきます。

この視点が身につくと、思考の混乱がなくなっていくのです。仕事でもまず俯瞰して問題点を大分類で3つに分けてみる。クローゼットの中も、大分類で分けてみる。ブラウス1枚を手に取って「どうしよう……」と悩むより、まずは「着る」「着ない」「保留」と大分類するとわかりやすいですよね。

断捨離の基本 14
俯瞰からディテールに向かってモノを見る練習を

トレーナーだから言えること

4年間の「異常な買い物依存」から卒業

（断捨離トレーナー　伊藤京子さん）

断捨離トレーナーの伊藤京子さんは、ストレスがきっかけでネットオークションにはまり、４年間で車数台分を超えるほどのお金をつぎ込みました。洋服は１０００着以上、アクセサリーはリビングの壁一面に収納するほどの量に。

ストレスの原因は家族の問題。婿養子だった夫と自分の母親がうまくいかず、板挟みの毎日で日に日に心が疲弊していったと言います。

「実家を建て直して2世帯住宅にしたのですが、夫は元々転勤の多い仕事でその家に住んだのは2年だけ。その後、夫は単身赴任をすることになりましたが、もう家にはほとんど寄り付かなくなってしまいました」

夫からは「離婚したい」とまで言われ、不仲になった原因を知らない母親からは見当違いな心配をされる日々。結局、実家を出て夫と暮らすことを選びましたが、円満ではなかったと言います。「寂しさやイライラから毎日投げやりな気持ちになり、1日中パジャマで過ごすような状態でした」。そんなとき、ふと目についたのがネットオークション。社会とまったく接点がない毎日で、オークションが唯一、人とのコミュニケーションに。また、競り勝って落札をしたときの高揚感は、「まるでギャンブルのようだった」と言います。

ある日、ヴィンテージのブローチを落札したときのこと。相手の方から「ひびが入っていたので送れない」と連絡が。「そのとき『あなたにふさわしくないので、送れません』って言われてハッとしたんです。私にふさわしいモノがあるんだ！と」

さらに、増えすぎたアクセサリーの収納方法を考えていたとき、夫の思いがけない言葉に再びハッとすることに。「夫に手伝ってほしいと頼むと、『あなたの大事なモノだからね』と言って、棚を組み立ててくれたんです。そのとき『あ、私は大事にされていたんだ、嫌われていなかったんだ』とようやく気づきました。そして、この人のために家をモノで埋め尽くしてはいけない、と思い始めたんです」

断捨離することで、自分の本当の願いに気づけた！

そんな頃、断捨離に出合います。「講座があることを知り、『もしかしたら私も救われるかもしれない』と、藁をもつかむ気持ちで参加しました。そして、私が望んでいるのは、こんな風にモノを大量に手に入れる生活ではないことに気づいたんです」

　そこからは一気に断捨離が進みます。「1000着あった服は、そもそも手に入れることが目的だったので、その瞬間が終われば必要ないのだと気づきました。服も家具もあまり悩むことなく断捨離できたのですが、アクセサリーをどうするかは、なかなか決断できませんでした。一度だけ言われた『あなたにふさわしいモノ』という一言が、私の中でとても重要な言葉になっていたからです。じっくり時間をかけて、自分の『好き』を探して何度も繰り返し選んでいきました」

断捨離によって依存の原因となっていた自分の気持ちに気づいたのです。

「満たされない思いが強かったんです。それをモノで埋めていた。私がお金を使うことで家族を困らせたいというのもあったと思います。これまでずっと我慢してきたことをわかってほしかったんです」

険悪だった母親にも自分は何が嫌だったのかを伝えることができ、お互いに理解ができて今では仲良しに。「夫とも近くのおいしいお店に出かけたり、ドライブに行ったり。今、すごく幸せです」

モノを処分する過程の中で清々しい気持ちが生まれ、家族に対する感謝にも気づいたという伊藤さん。自分が本当に望む生活にたどり着き、買い物依存の頃の自分からは想像できないようなアクティブな毎日を送っています。

まとめ

モノ編

まとめを参考に断捨離を進めましょう！

- □冷蔵庫の断捨離は、初心者におすすめ
- □所有しているモノを見て、セルフイメージを認識する
- □モノを絞り込むと、セルフイメージも上がっていく
- □もったいないのは捨てるより「使わない」こと
- □もったいないのはモノに奪われる時間・空間・エネルギー
- □断捨離をすると「今」「自分」にフォーカスできるようになる
- □行動を起こせば意識が変わる。行動が先！
- □人生の主役はモノではなく「自分」

□ 未来の困りごとより、今の困りごとを先に解決！

□ モノの「質」が自分の「質」もつくる

□ 捨てられないモノは後回し。捨てられるときまで大切に保管を

□ 断捨離は「見切り発車」が正解

□ 自分の買い物の失敗を許してあげる

□ 最初の一歩は「目の前のゴミ」から

□ 一気に断捨離するよりも、少しずつ継続した方が効果的

□ 1か所につき3回は繰り返す

□ 困ったときには「3分類」に分けて断捨離する

断捨離で住空間をリセットしませんか？

2章

住空間とは、自分の生活環境です。
そして、心の状態の表れでもあります。

空間を整えると、心が調い
生活が整い、人生が調います。

これまでの空間をリセットし、
ふさがっていた空間に風を通し、
深呼吸したくなる住空間を蘇らせましょう。

部屋を見回してみて！あなたは「ヘドロ沼」に住んでいる!?

池や湖に沈殿したヘドロをイメージしてみましょう。決して気持ちのいいものではありませんね。「今日からヘドロ沼に住んでください」と言われたらどう思いますか？

でも実は、あなたはすでにヘドロ沼に住んでいるのと同じ状態。もう使うこともない、もしくは記憶にすらないモノが家のあちこちに堆積し、ゴミ（ヘドロ）同然の状態になっていませんか？　かろうじてきれいな空間（＝ヘドロ沼の上澄み）で、ヘドロの存在を無視しながら、かき混ぜないようにそっと暮らしているような状態なんです。

現代は豊かになり、モノが家に入ってくるのは簡単です。一方、出ていく方はというと「もったいない」という意識でなかなか出ていきません。入口から10個入ってきたとしても、出ていくのはせいぜい1個。**入ってくるのは無意識、無自覚なことが多いのですが、出て行ってもらうには意志を持って追い出すしかないのです。**

今の住まいには、自分が想像している10倍は「ヘドロ」があると思いましょう。

ホテルで案内された部屋が今のあなたの部屋だったらどう思う？

「今日は素敵な部屋でリラックスしよう」とワクワクして案内された部屋。しかし、部屋に入ると、まるで自分の住まいのようにモノがたくさんあり、空間に余裕がありません。カーテンを開けるにも、モノをかき分けていかないとたどり着かない。人数以上のスリッパやタオルも大量に、窮屈にしまわれています。これではがっかりしますよね。「せっかくの大切な1日を、こんな空間で過ごしたくない！」と思うはず。

でも、よく考えてみてください。そのホテルがモノにあふれて心地よくない空間であるならば、あなたは毎日「こんな空間で過ごしたくない！」と思う部屋で過ごしていることに。「ホテルはスッキリとして、きれいなのは当たり前。住まいはホテルのようにはならない」と思っているとしたら、まずその発想を変えてみましょう。

「住まいは生活空間だから、必要なモノがいろいろある」と、考えている人が多いと思います。しかし、「いろいろある必要なモノ」とは何でしょう。少なくとも、押し入れや収納スペースにしまいっぱなしのモノは、今の生活に必要なモノでしょうか。**私の住まいは、ホテルのようにスッキリとしています。生活をしていて不便もありません。必要なモノが必要なだけ、あるからです。**

ホテルのようなスッキリした部屋で暮らすことは、決して不可能ではありません。空間に対して、適正量のモノを持てばよいだけのこと。それを「無理」と決め込み、「家はモノがたくさんあるもの」という思い込みを捨てましょう。

３６５日、毎日がホテル暮らしのようなワクワクするような部屋で暮らす人生を想像してみてください。そしてそれは容易に、誰でも実現可能なのだということを自分にインプットしましょう。

空間の基本
01
空間にゆとりがあれば、ホテルのような居心地に

「いじめ空間」に暮らしていたら、毎日、憂うつになるのは当然

空間には「もてなし空間」と「いじめ空間」があります。

先ほどと同様に、ホテルの例で想像してみましょう。一緒に行ったお友だちは素敵なデラックスルームに案内され、あなたは物置きに通されました。不愉快ですよね。

では、場面を自分の家に移してみましょう。今日は来客があります。部屋をきれいに片づけて掃除をし、奥にしまってある高価なコーヒーカップのセットを取り出しました。テーブルセッティングも整え、いつもより気持ちのいい空間になっています。

ところが、普段の部屋は散らかっていて、コーヒーを飲むのは安いマグカップです。

2つの例は、同じことを意味していることに気づいたでしょうか。ホテルの例は、ホテル側があなたを虐《しいた》げていますが、自宅の例はあなた自身が自分を虐げているのです。

あなたが暮らす家は、誰のものでもない、あなたが主役です。それなのに他人のた

めばかりに空間を整えるなんておかしな話ですよね。でもこれは、本当によくある話。

断捨離でつくりあげることができる空間には3つの「質」があります。**呼吸が気持ちいい「呼吸空間」、自分をおもてなしする「もてなし空間」、そして自分をオープンマインドにする「開放空間」**です。それに対し、断捨離前の空間は、「窒息空間」「いじめ空間」「閉塞空間」。文字を見るだけでも、憂うつな気分になりますね。しかし、多くの人は、この陰うつな空間で暮らしていることに気づいてすらいないのです。

この空間にはいわゆる「邪気」が蔓延しているため、それが影響して気分を塞ぎ、自己肯定感も下げてしまうことに。そんな自分に思い当たることがあれば、来客時と同じように、まずは空間で自分をもてなしてみましょう。

空間の基本

02

他人のためではなく、自分をもてなす空間に

あなたの心の状態は、部屋を見れば簡単にわかります

「可視化《かしか》」という言葉を耳にするようになりました。本来は形のない「考え方」や概念、あるいはデータなどを図やグラフなどに置き換えてわかりやすくするものです。

人間の心の状態も「見る」ことはできませんが、空間を見ればその状態を「可視化」することができます。「手に取るようにわかる」とも言えるでしょう。なぜなら、**空間は目に見えない「意識（心の状態）」が形となって表に現れたもの**だからです。

疲れているときや落ち込んでいるときは、なんとなく部屋が散らかっていませんか？　逆にやる気があって元気なときは、片づけもサクサク進みます。恋をしているときは花を飾ったりするかもしれないし、心機一転したいときは空間も変えてみたくなるでしょう。このように、意識（心）と空間は密接に関係しています。さらにおもしろいのは部屋の滞りで人生の滞りもわかること。3つの例をご紹介します。

1 天袋にモノがいっぱい » 人生に重石を乗せている

天袋には、もっとも「使わないモノ」が入っていませんか？　高い位置にあるため取り出しにくく、日常で使うモノは収納しないはず。つまり、「用をなさない」モノが入っているのです。この先も、取り出すことがないかもしれません。

そういうモノが住空間の上部にあるということは、自身の人生に「重石」を乗せているのと同じ。**身動きが取れないような、重いエネルギーを背負っている**はずです。

② 床下に詰め込む ≫ 人生の足かせになっている

先日訪問したお宅は、「半地下に収納スペースをつくりました」と誇らしげ。しかし、何が入っているのか聞くと正確に答えられないのです。それもそのはず、床下収納の上にテーブルが置かれ、簡単には開けられない状態に。しまったモノはすでに忘却の彼方です。

もし、収納しているモノが食品だったら、ほとんどをダメにしてしまうでしょう。これこそが、本当の「もったいない」状態です。

テーブルの下でなくとも、キッチンマットの下に収納があるというお宅も少なくありません。もはや開けるのがこわいぐらい。非常用の備蓄ならなおさら、さっと取り出せる場所にあるべきです。

こういう状態は、心の「足かせ」になっていると言えます。「足かせ」とは罪人が動けないように足を拘束した道具で、そこから「自由な行動を妨げるもの」という意味を持つ言葉になりました。

床下にモノをため込んでいる人は、人生の足かせになっていることが何かあるはずです。思い当たるものがあれば、床下を断捨離してみてください。軽やかに歩き出せることに、気づくでしょう。

③ 廊下に積み上げる ≫ 人生に障害がある

玄関を開けて、スーッと空気が奥まで抜けていく部屋は気持ちいいですよね。廊下にモノがなければ、掃除もしやすく、部屋の行き来もラク。快適な住まいとなります。あるお宅では、部屋のドアの前にモノが積み上げられ、「この部屋はもう使わないことにしました」とおっしゃっていて驚きました。人間よりもモノの方が優先されているなんて、残念でなりません。

私たちは「水平面」を見ると、つい置いてしまう習性があります。廊下の床面も然り。部屋は塞がずとも、廊下には各部屋に行き場を失ったモノが置かれているのではないでしょうか。

朝、急いで出かけるとき、宅配便が届いたとき、疲れて帰ってきたとき。部屋と玄関をつなぐ廊下がモノであふれているだけで、人は疲弊し、消耗するものです。つまり、廊下にモノが積み上げられている状態、**通り道を塞がれた空間は、人生にも障害をもたらします**。

私はご自宅を拝見したときに、その人の問題点や心の滞りを瞬時に診断できるようになりました。

天袋のモノは人生の重石、床下のモノは人生の足かせ、廊下のモノは人生の障害になると覚えておいてください。

あなたはしまう派？ 捨てる派？ そこが人生の分かれ道

「さあ、部屋を片づけよう」と一念発起しました。目の前にあるモノを、あなたは「とりあえずどこかにしまおう」と考えますか？ それとも「よく考えたらもう使わないから、処分しよう」と思うでしょうか。この意識の違いは、人生を１８０度変えると言ってもいいほどの違いとなります。

お気づきかもしれませんが、前者は収納、後者は断捨離の考え方です。

「断捨離」と「収納」はまったくといっていいほど異なるもの。家を快適な空間に整えるという意味では似ていますが、**断捨離はモノを絞り込み、モノを死蔵させず、活かしていくもの**です。

一方、**収納はモノの選択を保留にして保管し、どんどん堆積させていきます**。モノのために、自分が快適に過ごすはずのスペースを明け渡しているとも言えますね。

最近は収納上手な人が増えて、雑多なモノがきれいに収まっている家をよく目にします。家はスッキリ片づいているように見えますが、これはモノを移動させただけ。全体を見渡すと収納アイテムで空間が塞がれ、息苦しさを感じることもしばしば。

収納スペースを1つ開放してみましょう。風が通り抜け、掃除もしやすくなるはずです。その気持ちよさを感じることこそ、断捨離をする真の意味。収納の達人になる必要はないのです。

空間の基本 03
収納アイテムを1つ捨ててみる

その「すき間収納」に、いったい何をしまっているんですか？

すき間を見つけるとうれしくなる人がいます。「あ、ここに収納ができる！」と嬉々として、幅を測ってピッタリのすき間収納を購入したり、ちょうどいいすき間を見つけるとつっぱり棚を設置したり。

では、その収納には何が入っているのでしょうか？　10㎝ほどのすき間にさえ、保管しなければならないほど必要なモノとは何でしょうか。

収納しているモノをすべて出して並べると、多くが不要なモノだったり、記憶にすらないモノだったりします。「一応取っておこう」「いつか使うかも……」と思って、捨てられないモノばかり。すき間があるからモノを入れているという、本末転倒な人もいます。

これは、「死体をわざわざコンテナに保管している」ような状態。これらの〝モノの屍《しかばね》〟たちが、家中のすき間にびっしりと埋まっていると想像してみてください。

空間とは余白であり、ゆとりです。ゆとりを感じられない暮らしは、知らぬ間に息苦しさを感じています。その息苦しさが、じわじわと自分をがんじがらめにして、「閉塞空間になっている」という感覚を麻痺させていくのです。

すき間収納に入っているモノが毎日の生活を彩るモノでないなら、そのすき間をモノに明け渡してはいけません。

空間の基本

04 すき間は何もない状態に戻す

「家が狭いからモノがあふれる」というのは言い訳です

子どもがまだ小さくて、これからモノも増えていく家庭と、すでに子どもたちが独立して夫婦2人になったシニア家庭。前者は若いのでまだ家が手狭で、後者は広々とした終《つい》の棲家《すみか》に住んでいるケースが少なくありません。私は子育て世代とシニア世代の家を交換すればいいのに、と思うことがしばしばあります。

確かに、家族構成や暮らし方でモノの量はある程度変わります。しかし、「家が広ければモノがあふれない」というのは幻想。私たちはスペースがあるだけ、モノをため込みます。50平米のスペースに住んでいた人が１００平米の家に越したら、その分、確実にモノが増えるでしょう。自分がそうだったら？と想像してみてください。

空間の基本 05
家の大きさに適したモノの量に

以前に伺ったご家庭は大家族でしたが、家も大きな住宅でした。各人に個室もあり、大家族といえど本来は快適に過ごせそうなお宅です。しかし、家が大きいあまりそのモノの量たるや、私も言葉を失うほど。モノを置くスペースがあるがゆえに、モノが増殖し続けてきたような有様でした。

断捨離に家の広さは関係ありません。むしろ、コンパクトな家ほどモノの絞り込みがしやすいと言えます。家の広さに対し、適量のモノを所有すればよいだけ。

「うちは狭いので、家の広さの分だけとなると所有できるモノが少なくなる」と思いますか？　本当に使っているモノは、実はそんなに多くありません。断捨離を始めると、そのことに必ず気づくことができます。

さぁ、勇気を出して「7・5・1」の空間にしてみましょうよ

断捨離には、「ねば・べき」というルールはありません。あくまでも個々人が自分と「モノ」の関係を見直し、自分をごきげんにしてくれる「空間」をクリエイトしていくもの。ですから断捨離は十人十色。1つとして同じストーリーはないのです。

でも1つだけ、基準になるルールを設けました。それが**「7・5・1」の法則**です。収納するモノの量を、**「見せない収納」は収納スペースの7割まで。「見える収納」は5割まで。「見せたい収納」はスペースに対して1割まで**にするというものです。

見せない収納とは、クローゼットや冷蔵庫、納戸など。見える収納は食器棚や本棚やリビングの棚。見せる収納は飾り棚などを指しています。

最初は「こんなに空間が余ってるのにもったいない。まだ入るのに」と感じるでしょう。でもそれは余っているのではありません。見せない収納の残り3割はモノの

通り道。塞いでしまっているために洋服が取り出せなかったり、納戸の奥のモノが忘却アイテムになっているのです。

見える収納の残り5割は取り出しやすさとしまいやすさ、そして見た目の美しさのため。**この5割の余白があるからこそ、気持ちが満たされてより空間をきれいに保ちたくなる。**余白にはそんな不思議な力があるのです。

見せる収納とは、もはや収納とは言えませんが美術館のように飾るもの。舞台上の女優さんのごとく、スポットライトを浴びるようなイメージです。大女優がその他大勢の人たちと同じように、目立たないように並んでいるなんて、おかしいですよね。

余白は余ったスペースではありません。美しい空間を完成させる余白なのです。

空間の基本

06

余白を「もったいない」と思わない

その部屋の飾りは、あなたをごきげんにしてくれますか？

断捨離はミニマリズムではありませんから、家の中をガランとした空間にすることを目指すものではありません。生活にはうるおいが必要だし、お気に入りのモノに元気をもらうこともあるでしょう。私も花を飾ったり、思い出の品を美しくディスプレイしたりして、暮らしを楽しんでいます。

しかし、「飾り」とはそのモノや空間の美しさが際立って、初めて意味があります。「見せる収納はスペースの1割まで」とお伝えしましたが、多くのお宅は飾りに埋め尽くされているような状態。空間をクリエイトする＝飾りつける、ということではないのです。

そもそも、飾りがたくさんあればあるほどそれ自体にもホコリがたまり、置いていいるスペースも掃除がしにくいはず。「何年も拭いていません」なんてこともあるくらい。飾りの存在自体が空間の美しさ、快適さを下げているなんて本末転倒ですよね。

空間の飾りは、自分が日々手入れできるだけの量を。そして、その空間に際立たせても美しいと感じられるような上質なモノを飾るようにしましょう。ガラクタのようなモノは、1割収納に似合いませんよね。

空間の基本

07

モノも空間もそぎ落として、飾りを際立たせる

モノがあるから掃除が面倒になるのでは？

掃除をすると気持ちがいいですね。それが家の隅々までできれば、なおさら。

自分の家を想像してみましょう。各部屋の隅々まで「掃除しやすい状態」になっているでしょうか。

これまで、本当にたくさんのお宅にお邪魔しましたが、よく目にするのが押し入れに入れたままのロボット掃除機。床にモノがたくさんあるため、走らせることができないのです（しかも、その〝使えない掃除機〟も手放せないなんて！）。

掃除とは「掃く・拭く・磨く」ことを指し、これらをできるだけ簡単に済ませるのが断捨離の目的でもあります。

私は究極の面倒くさがり屋です。マメで几帳面だと思われるかもしれませんが、まるでその逆。だから、掃除をするためにモノを減らしたいのです。

空間の基本

08

掃除しやすい場所を1か所つくってみる

モノが多いほど、掃除は面倒になります。いちいちモノを動かしたり、持ち上げたり。そのうち、掃除自体が面倒になって、汚れが放置される空間に。そうすると、どうなると思いますか？　気づかぬうちに「自分はダメな人間だ」という思いが刷り込まれ、自己肯定感を下げてしまうのです。自信を失ったり、何かを諦めてしまったり。ホコリごときで、なんてもったいないことでしょう。

生活にはメンテナンス作業が多いのは事実。だからこそ、できるだけ簡単に済ませて、残りの時間を楽しみたいし、それができる自分でいたい。そのためには、まずはモノが少ない、掃除がしやすい空間をつくることなのです。

断捨離すると空間の気が確実にシフトします

シフトとは「変わる、変化する、転換する」という意味です。同じ家、同じ空間なのに断捨離をすると場が変化するとは、どういうことでしょうか。**断捨離は、モノや空間に対してこれまで「無自覚」だった状態から、モノを絞り込むことによって「意図」を持つようになります。**すると、長い間「ゴミ置き場」だった空間が、ようやく「住まい」に変化します。このときに、空間の気も変わっていきます。

左にある表は、断捨離前の空間に漂っていた気と、断捨離後の空間に漂う気を比較したもの。明らかに違いますよね。左側は眺めているだけで陰うつな気分に。右はワクワクしてきませんか？

気は目に見えないものですが、私たちは確実に感じ取っています。たとえばゴミ屋敷に招かれたときに感じる気分と、ホテルに招かれたときの気分の違い、わかります

空間に漂う気

断捨離前		断捨離後
不快	→	快
苦	→	楽
汚	→	美
暗	→	明
病気	→	元気
非効率	→	効率
狭い	→	広い
繁忙	→	休息
煩雑	→	容易
重	→	軽
鈍感	→	敏感
借金	→	貯金
分裂	→	統一
不安	→	安心
危険	→	安全

よね。それが気を感じているということ。

断捨離前のモノがあふれた空間にいる自分は、左側にある言葉のような気を浴び続けています。でも、それは変化させることができるのです。断捨離で場のシフトを起こしましょう。

空間の基本 09

深呼吸をして気持ちいいかチェックしてみる

断捨離とは、最適な自分になるまで「引き算」をすること

引き算というと、「モノをどんどん処分する」というイメージかもしれません。もちろんそれも引き算ですが、正しくは「過剰な状態を適した状態に戻す」という意味。過剰は多すぎることだけではありません。少なすぎるのも過剰。ミニマリストのような暮らしを目指しているのではなく、あくまでも**「自分にとって最適」な状態に戻していくのが断捨離**です。

そして、情報が過剰なのも「引き算」したいもの。モノがあふれ、空間が塞がれる原因は、あれこれほしくなるような情報が多すぎることにもあります。

さらに、私たちを取り巻く「過剰」。それが、希薄な人間関係です。SNSが発達し、人と人とのつながりが変化してきました。そこでつながる人たちに振り回されて

いませんか。本当に親しいわけでもないのに……。

モノの過剰、情報の過剰、希薄な人間関係の過剰。私たちはこれらの過剰に囲まれて過ごしています。自分にとって最適な状態に戻すためには、空間から過剰をなくすこと。空間の「引き算」を行うと何が起こるかというと、実は、足りないものが見えてきます。本当に大切なものが欠けていたことに気づき始めます。

断捨離の「引き算思考」は、ただモノを減らすだけではありません。**自分の人生に過剰なモノ、不足なモノ、この両方を知る、大切なきっかけになる**のです。

空間の基本 10
生活の中の「過剰」を見つけてみる

空間をクリエイトすれば自分自身をリセットできます

広々としたリビング、風が通り抜ける気持ちのいい家。素敵なティーセットでお茶を楽しむ自分。憧れますよね。「でもこの家では無理」と思っていませんか？

断捨離が進むと、多くの方が口にするのが「まるで別の家みたい！」という言葉。場がシフトしたわけですから、そう感じるのも当然と言えます。暗く閉塞されていた空間が、明るく開放的な空間に変わるわけですから。

引っ越しには「リセット」「心機一転」というイメージがあります。新天地で新しい人生を始められるようなワクワク感もありますね。でも、自分が変わっていなければ、結局新しい家でも空間の閉塞が起こります。そういう経験をした人も多いのではないでしょうか。

引っ越しを否定しているのではありません。そうではなく、まずは空間をクリエイトする力を身につけることこそが、リセットであり、人生を変えるきっかけになるということ。モノを絞り込み、空間の余白を楽しみ、空間の気を変えていく。そんな自分になれたらもう無敵です。

断捨離は「移動のない引っ越し」でもあります。本当の引っ越しと大きく違うのは、空間が変わるだけではなく、自分自身も変化するということなのです。

空間の基本
11

引っ越した気分で部屋の景色を変えてみる

トレーナーだから言えること

カラーボックスを1つ捨ててみたら人生が動き出した

（断捨離トレーナー　小林ふみこさん）

小林ふみこさんは19歳で一人暮らしを始めてからおよそ30年間、散らかり放題の部屋に住んでいました。それは、商売をしていた両親が忙しいこともあり、育った家もモノであふれかえっていたから。母親とぶつかることも多く、大学進学と同時に家を出たという小林さん。片づけ方を知らないまま結婚し、子どもが生まれ、ますます家の中は手が付けられない状態になっていったと言います。

「50歳を目前にしたある日、このまま60歳を迎えるのだろうか……と、漠然とした不安を感じ始めました。私は残りの人生、こんな散らかった部屋で暮らすのかと」

食卓の上には新聞や雑誌の山、食事のときはそれを端に寄せて食べる状態。こたつの上にはアイロンとアイロン台。周りにもモノが散乱し、アイロンなどかけられない状態です。驚くのは本が３００冊あったこと。

「それも、全部がハウツーを知るための実用書だったんです。それを見て『私、ちゃんとしたかったんだな』と気づきました」

片づけや収納術の本、洗濯の仕方、手紙の書き方、冠婚葬祭など。「ねば、べき」という気持ちに憑りつかれたように本を買い、置いておくだけで安心したと言います。

ある日、ママ友から断捨離のことを耳にした小林さん。助けを求めるような気持ちでセミナーに申し込み、ようやく片づける決心が。ところが、やはり慣れていないこともあり順調には進まなかったと言います。スイッチが入ったのは、洗面所にあったカラーボックスを処分してから。

「ずっと邪魔だな、と思っていたんです。ボックスの中には１００均で買ったカゴにハンカチや使っていない化粧品などがぎっしり。改めて見ると、いらないモノばかりでした。思い切って処分してみたら、その一角にスペースができて、その時に言い知れぬ気持ちよさを感じたんです」

そこから一気に断捨離が進み、セミナーを受講して10カ月後には断捨離トレーナーに。今ではセミナーの講師を務めたりテレビ出演をするなど、今までの自分では考えられないほど人生が激変！

捨てて後悔したモノがあるか聞いてみると、食物アレルギーだったお子さんの育児記録。ノート5冊にもなったそれは、頑張ってきた子育ての証で、処分したあとに何度か後悔したそうです。

「でも、あとで気づきました。反抗期になった息子に対し、『お母さんはこんなに頑張ってきたのよ！』と見せたかっただけ。それに利用したかっただけだったことに気がついたんです。頑張った事実が消えたわけではありません。断捨離をすると、自分のことを俯瞰的に見られるようになります。母の当時の苦労も理解できるようになりました。人にはそれぞれ価値観や暮らし方があり、人間関係がうまくいかないときは期待の投げ合いをしているだけ。

信頼とはまったく逆のものだったと気づきました」

断捨離をして毎日ごきげんになった！

執着を手放すと、人生が想像以上に軽やかになる。それは「思考の転換」ができるようになるから。小林さんは今でも落ち込むことはあるものの、すぐにリセットできるようになり、ストレスもない毎日だそうです。

「家が散らかっていてイライラしていた家族が、この前、洗面所で鼻歌を歌っていたんです。ごきげんってことですよね。本当にうれしくなりました」

カラーボックスを手放して10年が過ぎ、今はスッキリとした空間でこれからの人生にワクワクしている小林さんです。

まとめ

空間編

まとめを参考に断捨離を進めましょう！

□モノがあふれた空間は、
ヘドロ沼で息をひそめて暮らしているのと同じ

□実は、空間で自分を虐《しいた》げている

□心の状態が、空間に反映されている

□収納思考と断捨離思考は別のもの

□すき間収納には「モノの屍《しかばね》」がびっしり

□家が広ければ片づく、というのは幻想

□「7・5・1」の法則で収納すれば、美しい空間に

- □ 部屋に飾るモノは、際立たせてこそ意味がある
- □ ホコリのある空間は自己肯定感を下げる
- □ 断捨離で「場の気」がどんどん上昇していく
- □ 「過剰」を引き算すると、自分に欠けていたものがわかる
- □ 空間をリセットできる自分になると、無敵状態に！

おもてなし空間を
つくりましょう！

断捨離トレーニング
実践編

3章

断捨離とは「断」と「捨」を繰り返し
執着が手放された「離」の世界に
到達するトレーニングです。

何を「断ち」、何を「捨て」れば
よいのでしょうか。

日常の中の「断と捨」の行動、
そして「離」の世界をご紹介します。

断と捨と離を繰り返すと見えてくる世界……

繰り返してお伝えしますが、「断捨離」とは、ヨガの行法哲学「断行・捨行・離行」から着想を得た、自己探訪《じこたんぼう》のメソッドであり、心の執着を手放すトレーニングです。

ここからは、日常の中でできる具体的な「断」と「捨」、そしてその先に訪れる「離」の世界をご紹介していきます。

「断」とは、家になだれ込んでくるモノを「断つ」トレーニング。**「捨」は自分との関係が終わったモノを捨てていく**トレーニングです。断捨離初心者は、この2つを繰り返していくことで、まるで筋トレのように「不要なモノを減らしていくこと」が簡単にできるようになるのです。

そして**「離」とはモノへの執着から離れていく**こと。ここまで到達すれば、もう今までの自分ではありません。人生も軽やかに動き出しているはずです。

断捨離のしくみ

断《だん》

無自覚にモノを買わない、もらわない、家に持ち込まない。

＋

捨《しゃ》

不要・不適・不快なモノ、使わず活かせないモノは捨てる。

＝

離《り》

モノやコトに執着をしていた自分から離れていく。

Training 断 1

外から入ってくる「もらいモノ」は、あなたに必要なモノじゃない

モノを「断つ」ファーストステップとして、とても簡単な方法があります。それはモノを「もらわない」こと。

タダでもらえると思うとうれしくなって「ほしい」と思ってしまう気持ちはわかります。しかし、その気持ちはもらったと同時になくなっていませんか？　手に入れた瞬間に、得をした気分になるだけ。あとは**放置・忘却アイテムとなり、家の中で「堆積物」となっていく**だけです。なぜなら、自分でお金をだして買ったわけでもないので、思い入れもないからです。

もちろん、もらったモノを存分に使い尽くせる場合は別です。断捨離はモノを活かすことが目的ですから、モノをもらってはいけない、ということではありません。

実践の基本 01
今、必要でないモノは入室禁止

まず、手に入れる前に「今の自分に必要だろうか」「すぐに使うだろうか」と立ち止まって考えましょう。「いつか使うかもしれない」ではありません。今日か明日、あるいは近日中にでも使う用途が明確に思いついたなら、もらっても構いません。

もっと俯瞰してみると、そのモノは使わない人の家でゴミになるよりも、使う人のところで役に立った方がいいと思いませんか？　引き出しの中に「監禁」されるよりも、自分の使命を全うしたいはずです。

Training

断 2

日用品の「買いだめ」は、使い切れずに忘れられてしまう

モノを「断つ」トレーニングにおすすめしたいのが**「日用品を買いだめしない」**こと。今は、日用品はすぐに手に入れることができます。家の中にわざわざ居場所をつくってあげる必要があるでしょうか。

買いだめをする心理は「不安」です。「なくなったらどうしよう」「手に入らなかったらどうしよう」。コロナ禍で私たちはそれを経験しました。象徴的なのはマスクです。薬局に長い列ができ、不安があおられましたね。

さて現在、家の中にどれだけの買いだめがありますか。まだまだ、山のようにストックがあるという人もいるのでは。この先、使わずに済むのに越したことはありませんが、おそらく使い切ることもないはず。大量のストックがある家の中とは、そんな不安が渦巻いているのです。

さらに、私たちはコロナ禍のような「危機」でなくても買いだめをします。洗剤やトイレットペーパー、ティッシュなどをいくつもストックしている人は少なくないでしょう。「安かったから」という理由が一番多いと思いますが、それで得するお金（おそらく数十円から数百円）と、買いだめアイテムにスペースを占領されてイライラする暮らしを天秤にかけてみましょう。

また、モノはたくさんあればあるほど管理しきれず、買ったことすら忘れてしまいます。奥にしまったモノは鮮度を失い、「もう使いたくない」という気分にさせます。

日用品こそ、日々使って循環させるべき。古びたモノを気持ちよく使えますか？

実践の基本 02

生活に使うモノはフレッシュで気持ちのいいモノを

Training 断3

「まとめ買い・値引き商品」は、あなたが本当にほしいモノじゃない

「3つで千円！」「1万円以上買うと送料無料」など、商売する方もあの手この手でモノを売っています。まとめ買いはお得感があるため、つい買ってしまうという人も少なくありません。あるいは「本当はこんなにいらないんだけど、得だからまあいいか」という人もいるでしょう。

一方で、買い物の手間を省くために、あえてまとめ買いをするという人もいます。この2つはどちらもまとめ買いですが、目的が異なります。前者は「得をしたいから」買う。後者は「効率のために」買うのです。

断捨離的には、前者が問題です（ただし、効率のためにまとめ買いしても、結果的に無駄になったら前者と同じ）。

では、まとめ買いは果たして得なのでしょうか。

１つ３９８円の商品が、３つで千円になっています。計算をすると１９４円得することに。「今日もいい買い物ができた」とウキウキした気分で家に帰るでしょう。

さて、１カ月後。結局、使ったのは１つだけでした。残りを使う気分でもなくなっています。いくら無駄になったか、もうおわかりですね。

値引きも同じです。「半額になっている！」と、**ほしいわけでもないのに買ってしまう**ことがあるでしょう。でも結局、冷蔵庫の中や収納場所で死に絶えていませんか？

まとめ買いや値引きは、売る側の売るための仕掛けです。使わないモノを買うのは、お金を捨てたのと同じこと。そして家の中にゴミを増やすだけ。もちろん、すべて使いこなし、使い切ったのならば「得してよかった！」と喜んでください。

実践の基本 03

一見お得な買い物は、モノを「使って」初めて得に

Training
断 4

無自覚に「なんとなく選ぶ」ことでは、家にモノがあふれてしまう

断捨離は「モノの絞り込み」ができるようになるトレーニングです。なぜなら、ほとんどの人は、モノに対して無自覚で、目の前にあるモノが「自分に必要なモノかどうか」を判断できずになんとなく手に入れ、結果的に放置しているからです。

しかしこの「無自覚さ」がなくなると、家の中は自分を活かしてくれるモノで一気に満たされてきます。そうなるために、**「なんとなく」モノを選ぶのをやめてみましょう**。

買い物は、断する（モノを断つ）ための、よいトレーニングにもなります。そのために、買い物に出かけてみましょう。モノの誘惑に勝つチャンスとも言えます。

まず、ほしいモノがあったらカートに入れる前に、「私はどうありたいのか」を考

えてみましょう。そのモノを手にした自分は心地よいでしょうか。素敵に見えるでしょうか。理想の自分に近づいているでしょうか。

そして「今」に目を向け、今、なぜこれが必要なのかも考えてみましょう。「なんとなく、いつか使うかも」は禁止ですよ。難しく考える必要はありません。**過去でも未来でもない、「今」の自分と向き合ってみましょう。**

この問いを続けることこそ「断」のトレーニング。モノを選ぶ判断ができるようになったら、断捨離は成功したも同然です。

普段から「なんとなく」モノを選んでいると、あなた自身も個性がない「なんとなく」な印象の人になっていくのですよ。

実践の基本 04
買い物は毎回が勝負！自分を応援してくれるモノを選んで

Training
断5

「便利そうなモノ」を買っても、生活は快適にはならない

あると便利そうなモノは、本当にたくさんありますね。テレビショッピングなどを見ていると、ついほしくなってしまいます。魅力的なセールストークに「この商品を買えば、生活が変わるかも！」と思ってしまうからです。深夜にポチポチとこれらのモノをネットショッピングしてしまう人は、今のストレス状態がなかなかのものです。

「あると便利なモノ」は、実は「なくても困らないモノ」です。「便利そうなので買ったのですが、1、2回使ってしまいこんでいました」という人がほとんど。中には「買ったけど1度も使っていない」という強者も。便利グッズは使えば役に立つモノですが、使わなければただのゴミなのです。

自分にとって本当に便利なモノだったら、毎日使い倒して生活が快適になっているはず。そうでなければ、自分にとっては便利ではなかったということです。なくても困らないモノなら、処分しても生活に困ることはありませんね。

便利グッズを死蔵している人は、失敗したこと、そして使いこなせなかった自分をいったん許してあげましょう。そしてこの先、「これがあったら便利そうだな」という誘惑から卒業できれば、「断つ」筋肉をつけることができます。

実践の基本 05 便利グッズの魔法から覚める！

Training
断 6

「家電は厳選」。必要のない家電がストレスに

我が家には炊飯器も電子レンジもありません。これらの家電は私のライフスタイルに合わず、スペースをとるだけのお荷物家電に。「私には必要がない」とわかったので、断捨離しました。

断捨離でいろんなお宅に伺いますが、もっとも多いのがロボット掃除機を押し入れにしまっているという人。「これを使うには、床面のモノを動かさなければならないので、面倒で結局使わなくなってしまいました」というのが理由です。

ミキサーもホコリをかぶっているケースが少なくありません。使いこなせば便利なモノですが、「いちいち洗うのが面倒」「スムージーを飲まなくなった」など、みなさんも思い当たる理由があるのではないでしょうか。

実践の基本 06

家電はあなたの家のために厳選したエリートのみを採用！

モノがあるということはスペースをとるということでもありますが、家電はそれに加えて「手入れ」や「故障」などの手間も増えます。取扱説明書を管理したり、家電自体を掃除したり。この手間は、気づかぬうちにストレスになっているのです。そして捨てるにも粗大ゴミに出したり、メーカーに引き取ってもらう手配をしなければならないなど、かなり面倒ですね。

家電こそ、厳選したモノだけを家に迎え入れるようにしましょう。炊飯器や電子レンジがあってもいいのです。「毎日使いこなせるか」で判断してみてください。

Training

断 7

「月額サービス」は無自覚だと、どんどん増える

最近はサブスクリプション（定額払いのサービス）が増えてきましたね。断捨離的には、これも〝対戦相手〟になります。

動画配信サービスや音楽聞き放題など、日常の中に「サブスク」がどんどん増えているという人は少なくありません。中にはサブスクだけで月に数万円になっているという人も。しかし、私たちの時間は有限です。一見お得な月額サービスですが、元が取れるまで使いこなしているとは言い難いのではないでしょうか。

これも断捨離的には「無自覚」なモノとの向き合い方と言えます。**今の自分に必要なサービスだけに絞り込み、自分に活かせるモノだけに厳選すれば、いくつも残らないはず。**

モノで届く場合もあります。毎月お花が届いたり、定期的に健康食品が届いたり。これも、家になだれ込んでくるモノの1つです。お花は心にうるおいを与えてくれますが、今の部屋の状態は花を飾って美しい空間ですか？　健康食品は欠かさずに飲んでいて、自分の健康維持に役立っていますか？

断捨離が進んで空間も変化してきたら、あなた自身も大きく変化します。使いたいサービスは、今とがらりと変わっているはず。そのときに、もう一度必要なサービスに入ってみてはいかがでしょうか。

実践の基本
07

月額サービスを使うなら、人生が激変した後に！

Training
断 8

あなたの部屋に「収納棚」は、ふさわしくない

「うちは収納が少なくて……」とおっしゃる人が本当に多いと実感します。確かに、収納スペースがたっぷりある家と、あまりない家があるのは事実。しかし、どちらの家でも収納スペースにしまってあるモノを広げると「これ、本当にいりますか？」と問いかけたくなるモノがほとんど。おまけに「よく使うモノは出しっぱなしです」という人も。つまり、**収納してあるモノは「ほとんど使わない」**ということですね。

それなのに収納棚を買ってしまう。「ここに収納棚があれば、いろいろ入れられる！　部屋が片づく！」とワクワクするからです。でもそれは「死体置き場をたくさん用意しよう」と言っているようなもの。だって、使わないならば「死蔵品」ですから。

断捨離を進めていくには、収納するよりもまずは不要なモノの処分です。収納棚がなければ、むしろ断捨離しやすいはず。家の中の空いたスペースは、収納するためのスペースばかりではありません。**何もない「間」があってこそ、私たちはほっとできる**のです。これは、断捨離が進めば必ず気づくことができます。

収納棚があればスッキリした暮らしができる、というのは幻想です。収納棚は、モノとの関係を考えることを諦めて（放棄して）、モノを「保留」するためのアイテムだと認識しましょう。

実践の基本 08

収納棚を迎え入れなければ断捨離がサクサク進む

体験者の話

モンスターから自分を救い出した断捨離

（のぎくさん）

私は周囲の人たちを勝手に「モンスター」だと思っていたことがありました。リウマチの症状から寝返りをするのもつらく、つらくて泣いていた日々。周囲のモンスターたちへの愚痴や不平不満も止まりませんでした。

そんなある日、やましたひでこさんの本を手に取った瞬間から、私の進む道は決まったんです。そして、断捨離を始めて毎日内なる自分と向き合うと、モンスターは外にいたのではないことに気づきました。「外にいる」と思い込んだ方が、自分がラクだったのです。

「自分が家に置いておきたくないモノは捨てていい！」この言葉で目が覚め、半年にわたる土砂出しがスタート。でも、「断捨離すれば毎日ハッピー楽しいことだらけ」ではないことはすぐにわかりました。人間だもの。毎日いろんな考えが浮かぶし、嫌だなと思うこともイライラすることもある。でも前と違うのは、すぐに嫌なことを忘れてしまうこと。「いま、ここに」戻ることができるようになったことです。これは最強だ！

クローゼットの中の着たくないけどおいてあった洋服、よれよれのトレーナー、いただきモノの器と、履き古した靴とたくさんのモノと毎日向き合い、新陳代謝を繰り返す。「これは今の私にふさわしい？」そう問い続けると自己肯定感が上がるとともに、うれしい出来事も増えてきました。

優しい人が増えたのは、自分が自分に優しくしているから。

応援してくれる人が増えたのは、家に空間が増えたから。

今日もいらない紙やすりを1枚捨てました。なんでこんなモノ取っておいたんだろう？と不思議に思いながら。

※断捨離®やましたひでこ公式サイト「断捨離体験談」2021年グランプリ『線路は続くよどこまでも』より要約しています。

Training

捨 1

勇気を出して「収納グッズ」に、さよならして！

ここからは「捨」のトレーニングです。断捨離初心者は、まずゴミや絶対に使わないモノから捨てるのがファーストステップですが、もう1つ、真っ先に捨てたいのが「収納グッズ」です。

「収納棚を買わないこと」が断捨離を進めるのに効果的とお伝えしましたが、すでに家の中にあるならば、まずこれを処分しましょう。なぜなら、収納グッズがあると「とりあえずここにしまっておこう」と、結局モノを保留にしてしまうからです。

断捨離が進むと、家の中にあったモノが減っていくので収納グッズも空っぽになっていきます。気づくと空になったプラスチックのかごやケース、引き出しがいくつも目の前に。「こんなにモノをため込んでいたんだ……」と気づく瞬間であり、「断捨離ができた！」と自分を褒めるチャンスでもあります。

しかし、この収納グッズも「モノ」。お金を出して買ったモノなので捨てるのはもったいないし、何より「役に立ちそうな顔」をしているので、「やっぱり使うかも」という誘惑に負けそうになります。

ここで、勇気を出して処分しましょう。**何かを捨てるという行為は、心の痛みが伴います。断捨離では誰もが通る道。**

捨てるのに抵抗があるなら、誰かに譲るという手もあります。でも、譲られた先のお宅にモノが堆積することになりますよ。

実践の基本

09

空になった収納グッズで自分を大いに褒める

Training

捨 2

モノの数は「家族の人数」を基本に考えて

傘にカトラリー、食器類、お布団。「この家はいったい何人家族なの!?」というお宅にたびたび遭遇します。多くの場合は「お客様が来たときに……」という理由なのですが、それは本当に必要な数でしょうか。

仮に年に10回ほどそのような日があったとしても、残りの355日は家族だけで過ごしているはず。その数日間のために、**過剰な数を持ち続けるのは、自分より他人を優先していること**にほかなりません。

「自分は窮屈な思いをしても、お客様をもてなしたい」。それは素敵な思いやりとも言えますが、そのために1年のほとんどを窮屈に暮らすのは果たしてどうなのでしょうか。

もし布団が必要になったら、レンタルも可能です。それもモノと賢くつき合う手でもあり、そういった「知恵」が増えることが人生を豊かにします。

来客が帰るタイミングで雨が降り、かつその人が傘を持っていない確率はどれくらいだと思いますか？　家族の数以上のカトラリーを使う日は、年に何日ありますか？

大切なことは、家族が毎日快適なこと。住空間にとって、それに勝る大切なことなどありません。自分が快適であるために、過剰な数は手放しましょう。そして、あいた空間の気持ちよさ、爽快さをたっぷりと味わってください。

実践の基本 10
他人のために過剰なモノを所有しない

Training 捨 3

行動に起こさないなら「売れるかも」という気持ちは、断ち切る

断捨離を進めていくと必ずといっていいほどぶつかる壁が、モノを捨てることへの罪悪感。それは決して悪いことではありません。むしろ、モノを大切にする気持ちは大切です。私も愛着のあるモノはとても大切にしています。

断捨離が「不要だ。処分せよ」と説いているのは、「使っていない余計な」モノ。家の中でまるでゴミのように扱われていたり、完全無視を決め込まれている可哀そうなモノたちのことです。

では「捨てるのはもったいないので売れるかも」という気持ちはどうしたらいいのでしょう。もちろん、売ってお金になればそれはラッキーですよね。売ってはいけません、ということはまったくありません。

問題なのは、「売ろうと思っているのに行動しない」ことです。オークションサイトなどでマメに不用品を売り、結構な金額を稼ぐ人もいます。自分はこの先、そんな人になれるか自問してみましょう。おそらく「いつかやろう」と、モノをしまっておくだけではないでしょうか。

あるいは、売りたいのは罪悪感をなくすためかもしれません。でもすでに、ゴミのように扱ったり無視をしてきたモノたち。罪悪を感じるべきは、捨てるよりもっと手前、そのように扱っていたことのはずです。

実践の基本

11

「売る」行動をすぐに起こせるなら、売ってよし！

Training 捨 4

淡い期待という執着「カモグッズ」を追放！

人は誰でも「できる自分」でありたいと思っています。ゆえに、できない自分を認めたくない、そんな現実を受け入れたくないという気持ちがあるのです。部屋がモノであふれてしまうのは、そんな気持ちも影響しています。

「これは使えるカモ」「これがあったら素敵になるカモ」。目の前のモノを使いこなせる自分でいたいですよね。だからその時が来ることを期待し、取っておきます。

たとえばきれいな箱や空き缶は、捨てられない人が多いアイテムです。私も先日、とてもきれいな箱に入ったモノをいただき、思わずその箱をクローゼットにしまってしまいました。でも数日後、ハッとしてその箱を取り出したのです。とくに使う用途はないのに「使うカモ」と思ってしまった自分に気づき、その箱は処分しました。

断捨離は「カモグッズ」の追放であり、カモとの戦いです。断捨離を進めていくと、カモグッズの多さに驚くでしょう。それこそ、モノへの期待であり、執着なのです。

もう1つ、家の中には「タイグッズ」があります。こちらは「使いタイ」と、希望を持って向き合えるアイテム。カモと異なり、しっかりと活かされて、モノとして活用されます。

カモとタイはまったく別のモノなのです。**目の前のモノがカモかタイか、考えてみましょう。**

実践の基本 12

カモは追放、タイはウェルカム

Training 捨 5

捨てる判断ができるようになる魔法のリスト

目の前にあるモノがチェックリストに当てはまれば、捨ててよいモノです。
勇気を持って捨てることで空間が変わり、自分が変わり、人生が変わっていきます。
さあ、ゴミ袋を用意して始めましょう！

1 即、捨てるモノ

- □壊れている、使えない
- □汚れがひどい、カビが生えている
- □賞味期限が切れている
- □用途がわからない
- □使うことがストレス（痛い、面倒など）
- □片方しかない
- □家族の数以上ある
- □誰も使っていない
- □使う気にならない
- □しまうのにイライラする

2 いったん保留して、2度目以降の断捨離で向き合うモノ

□ 高かったけれど、本当は気に入っていない
□ 似合わない
□ 人に見せるのが恥ずかしい
□ カモグッズ（使えるカモ）
□ 1年以上使っていない、見ていない
□ 何年もずっとしまってある
□ もったいなくて使っていない
□ 使う機会がない
□ 同じモノがたくさんある

3 断捨離を繰り返してから、向き合うモノ

□ 捨てるのが不安
□ 今の気分を上げてくれない
□ セルフイメージを下げる
□ 空間に似合わない
□ 自分以外の家族のモノ
□ まさか捨てるとは思えないモノ

Training
離 1

「使うのがもったいなかったモノ」は、日常使いに昇格

断捨離は「断」と「捨」を繰り返したのちに「離」の世界が訪れます。それは「執着を手放した（離れることができた）」自分になること。暮らしも気持ちも解放され、自由を満喫できる自分になっているはずです。幸せな「離」の世界を存分に楽しみましょう。

「離」を体感できる簡単な方法は、これまで**「日常使いはもったいない」と思っていたモノをすべて、自分のために使う**こと。高級な食器やグラスなど、来客時にだけ活躍するモノ（あるいはまったく使っていないモノ）はありませんか？　それらを、今日から日常使いに昇格させましょう。捨てるよりもハードルは低いですよね。

モノには「質」があります。「上質」という言葉があるように、質のよいモノとそうでないモノがある。「使うのがもったいない」ということは、「自分のために使う

のはもったいない」ということ。つまり、「上質なモノは自分にふさわしくない」と思っているのです。

たとえばお気に入りの靴。買うのに勇気がいるほどのお値段でした。そんなに気に入っているのに「もったいないからめったに履きません」という人は少なくありません。靴は履かないと劣化します。「離」の世界に踏み出したら、このお気に入りこそが日常に履く靴になります（痛くて履けないなら、もうどうするかおわかりですね）。

素敵な靴を履いた自分と、いつもの靴を履いている自分をイメージしてみましょう。「離」の世界にいる自分は素敵ですよね。

実践の基本 13

上質なモノこそ、自分が存分に楽しむ

Training
離 2

「気分を上げないモノたち」は、手放して循環させる

「断」と「捨」を繰り返すうちに、自然と身についてくるのが「モノを厳選すること」。断捨離スタート時はあまりのモノの多さに、何を捨てて何を残せばいいか判断がつかなかったと思いますが、それが進むうちに**「自分をごきげんにしてくれるモノ」がどれなのか、見極められるようになっていきます**。これも「離」の世界。

しかし、ごきげんにしてくれるモノたちですら、日々変化していきます。家の中にモノがあふれてしまうのは、自分の気分は変化するのに対し、モノは循環することなく堆積していくばかりだからです。気分にそぐわないモノが増えていくのがよくわかりますね。

さらに、住空間は限られたスペースですから、気分にそぐわないモノたちとの同居

は窮屈になるばかり。それはまるで嫌いな人と一緒に暮らしているようなもの。そうではなく、仲良しの親友と一緒にいたいですよね。

それらのモノを手放すと、執着も手放れていき、モノにも心にも循環が生まれます。そして、お気に入り上位のモノだけが選び残るようになるのです。もちろん、スペースに余白を残すために、何かを迎え入れるなら何かを処分します。

この循環が生まれると、オートラン（自動的に片づくシステム）化したも同然。この先ずっと、美しくごきげんな空間で生きていくことができますよ。

実践の基本 14

常に「ベスト5」のモノたちと暮らす

Training 離 3

「手入れ」ができる自分になると人生が変わり始める

手入れが行き届いたモノや空間や、その空間にいる自分をイメージすると気持ちがいいですね。まさに、それを体感できるのが「離」のステージ。

「手入れ」を辞書で調べると「よい状態を保つために、整備・補修などをすること」とあります。スキンケアは「肌のお手入れ」と言いますね。靴磨きも「手入れ」です。

手入れしたモノは、美しく磨かれます。

モノに手入れができるようになると、自分とモノとの関係が良好になります。モノは自分を疲れさせる存在ではなくなり、応援してくれる存在に変わるのです。

断捨離は、これまで「手に入れたのに面倒で放置していた」モノを手入れしていく作業であり、「面倒くさい」からの解放でもあります。そのためにも、自分で手入れできるだけの「手におえる量」に絞り込むことが必要です。

人間関係も同じですね。関係の浅い１００人の知人よりも、心を割って話せる数人の親友の方が人生には大切な存在です。人間関係においても、丁寧なコミュニケーション（＝手入れ）が必要だと思いませんか？

手を入れることが楽しくなり、喜びに変わり始めると人生が変わってきます。なぜなら、**手入れとは自身の「意図」**だからです。**意図が動き始めると、人生も意図的に変えていくことができます。**そのためにもモノを絞り込み、ぜひ手入れの楽しさ、爽快さを味わってみてください。

実践の基本

15

モノを絞り込み、手入れする楽しさを知れば、人生が変わり始める

Training 離 4

「まだ使える」ではなく、気持ちよさを自分に与えて

テレビの撮影でたくさんのお宅に伺いますが、「まだ使えるから」という理由で処分できないモノが山のようにあります。

たとえばタオル。確かに使えますが、かなり年季が入っているモノも少なくありません。ではいつが捨てどきなのかと聞くと、それもわからない。つまり、「まだ使えるから」を理由に判断を放置しているわけです。

もう1つ、「新しいモノに替えるなんて贅沢だ」という思考もあるでしょう。断捨離を進めていけば、この思考も変化していきますが、今はそう感じていても大丈夫です。

私はタオルや下着、洋服、お財布などはワンシーズンで入れ替えています。その代

わり、たくさんの数を持ちません。少量で過ごすわけですから、その間にとことん使い尽くします。だから手放すときも達成感があり「ありがとう！」と気持ちよくお別れできるのです。

モノを定期的に入れ替えるメリットは、なんといっても新鮮で気持ちいいこと。ゴワゴワが好きと言っているあなた、モノには「気」があります。死んでしまったような気を身にまとうより、元気でフレッシュな気に包まれたいですよね。「離」のステージには、アップデートした自分が待っていますよ。

実践の基本

16

モノを新しいモノに入れ替えて自分をアップデートする

Training 離 5

お金への執着を手放して！　循環させるのは、モノだけでなくお金も同様

最後に、モノから少し離れてお金のことを考えてみましょう。これは、貯蓄をやめましょうということではなく**「お金を持っていないと不安！」という思考を手放しましょう**、という意味です。

私たちは日々「お金」に縛られていると言っても過言ではありません。朝起きると胃が痛くなるほど仕事に行きたくないのに頑張って行くのは、お金を稼がなければ、と感じているから（もちろん、責任感で行く人もいるでしょう）。

断捨離でモノを捨てることを「もったいない」と思うのも、それに支払った「お金」がもったいないという気持ちからで、さらに買いなおすことになったらまたお金がかかる！　という怒りのような感情がわき出てきます。

ではお金持ちの人はどうしているでしょうか。まず、家にモノがあふれているお

金持ちはいません。家が広いからではなく、**「空間を美しく保つことが心地いい」と知っている**からです。そしてお金の使い方もスマート。お金を使うときに感謝の気持ちを持って〝送り出して〟います。それは、お金もモノも循環させてこそ価値があることをわかっているから。そして「使ったらなくなる」ではなく「気持ちよく送り出したら、よりよい状態で戻ってくる」ことも知っているからです。

彼らが手にしているお金は、銀行口座に閉じ込められ、「なくなったら不安！」というエネルギーを注ぎ込まれ続けるお金ではなく、気持ちよく軽やかに世界を旅するお金です。

お金は使ったらなくなるのではなく、循環させるものだと知っているのです。

実践の基本 17

「出せば入る」の法則を信じる

体験者の話

「高いなぁ」と躊躇していたマグカップが似合う家に

（いっちゃんさん）

「ストレスなく料理がしたい、楽しく過ごしたい」と思い、トレーナーさんと一緒に断捨離を始めた当時。食器棚のモノをすべて出し、棚を動かしたときは自分が否定されたようで涙が止まりませんでした。

断捨離が進んで、自分の居場所ができたはずなのに、疲れる、面倒くさい、自己否定、ネガティブ思考は、なかなか根深いものがあります。

でも、すべては「最適」を見つけるため。

大量のモノを手放すのは辛かったですが、空間が広がると「気持ちいい」と感じることがわかりました。そして、ほかの家具も動かすうちに「自分の最適」なイメージがわかるようになり、理想のダイニングボードに出合うことができたのです。

　ある日、そのダイニングボードから取り出すマグカップに違和感が。棚や家の雰囲気に今までのマグカップが似合っていないことに気づいたのです。買い替えようと出かけ、気に入ったモノを見つけたのですが高額‼「こんなの買えないな……」と諦めていたら、夫が「これがいいよ！」と買ってくれたのです。

　変化を恐れなかった今、このカップで飲むコーヒーは私を癒やし、高めてくれると感じます。空間を最適化したことで、ネガティブ思考や疲れを回復してくれるモノに出合うことができました。

　そしてうれしいことに、やましたひでこ先生はじめ、Zoom講座で話す機会がある方たちに、ダイニングボードの空間を「１枚の絵画のようになっている」と褒めていただいたんです。「私が褒めてもらえた！」と、とても大きな自信になり、自分のことが好きになりました。

※断捨離®やましたひでこ公式サイト「断捨離体験談」２０２１年入選『満足していたのに、破壊しなくてはならなかった理由』より要約しています。

まとめ

実践編

「断」が多いのは、現代社会はモノや情報が大量にあふれていて、無自覚にモノを持ち込まないことを第一に考えてほしいからです。まとめを参考に断捨離を進めましょう！

断

- □モノを安易にもらわない。家に入れない
- □日用品こそ、古いストックではなく新しいモノを循環させる
- □まとめ買いは、実は得していない
- □自分に値引き品ばかりを与えない
- □モノは「なんとなく」ではなく、意志を持って選ぶ
- □便利グッズは使い倒して初めて役に立つ
- □家電は手入れや処分に困るモノだから厳選する
- □月額サービスは「無自覚」な消費を助長するので慎重に
- □収納家具は買わない

捨

- □空になった収納アイテムは迷わず処分
- □「お客様用」は使用回数を数えてみる
- □不用品を売りたいなら、「そのうち」でなくすぐに行動を！
- □「使うカモ」という淡い期待は、戦って追放する

離

- □使うのがもったいないモノこそ、自分で使ってみる
- □自分をごきげんにするモノだけを持つ
- □古びたモノは自分のために買い替える
- □お金も詰まらせなければ循環、流れが生まれる

断捨離で、新しい世界に踏み出しませんか？

4章

最終章は、断捨離の「その先」へ。

空間が変わり、人間関係が変わり

お金の流れが変わり、何より自分が変わった世界。

人生にブレーキをかけていた「何か」に気づき

新しい流れが生まれた世界。

がんじがらめになっていた自分はもういません。

断捨離がもたらす、本当の価値とは?

目の前のモノを1つ捨てるだけで、人生が必ずうまくいく！

「スパイラルアップ」とは緩やかな成長を意味します。徐々に上昇していくイメージですね。断捨離で、なぜ人生がうまくいくのでしょうか。

ここまで、モノと向き合い、空間をつくることの気持ちよさ、爽快さをお伝えしてきました。かつての「無意識・無自覚」に生きていた自分、こんがらがっていた自分を手放す糸口が見えてきたはずです。断捨離は、混沌としていた意識が目覚めたようにクリアになり「自分を加点していく」という意識づくりも同時に行います。すると身軽に動けるようになります。**行動することで空間が変わり、意識も変わる。**そして再びモノに向かい合うと、これまでと違う見方や判断ができるようになります。そしてさらに空間が磨かれる……。そういう好循環が生まれ、スパイラルアップしていくのです。こうなれば、もう上がっていくばかりです。

快適の基本

01

行動から意識が変化し、まったく違った人生の展開に

苦しいときこそ、チャンスです。断捨離を始めましょう。「目の前のモノを1つ捨てる」……それだけで、あなたの人生のスパイラルアップの始まりになります。

自分にとっての「要・適・快」がわかるようになる

断捨離を始めて、最初に直面するのは「現実を直視したくない」という心理。モノを処分していくためには、これまで詰め込んでいたモノと対面しなければなりません。大量のモノと向かい合うということは、モノを無駄にしていた自分や、無自覚に過ごしていた日々を受け入れなければならないのです。それが嫌で、断捨離を避けてきたという人も少なくありません。

しかし、断捨離はトレーニング。ただ捨てるのではなく、過剰なモノを断ち、執着を捨てた先に、これまで知らなかった世界があるのです。そこを目指すことが断捨離の醍醐味であり、本当の目的でもあります。

では「これまで知らなかった世界」とは何でしょうか。それは「感じる世界」です。自分に必要なモノか「感じる」。人生をスパイラルアップするモノか「感じる」。それは人間関係でも、ものごとでも同じ。**自分にとっての「要・適・快」、「不要・不適・不快」を瞬時に感じられるようになります。**

モノが堆積していた空間で過ごしているうちは感覚が麻痺しているので、自分の現状や望みもよくわからないのです。

しかし、断と捨を繰り返すうちに意識がどんどん磨かれ、「はっ！」とすることが増えてくるでしょう。そうなれば**「要・適・快」**を感じながら、迷わず判断できるようになります。その能力こそ、人生を確実に快適な方に導いてくれるのです。

快適の基本

02

ブレイクスルーポイントが訪れ「感じる」能力を手にする

断捨離を繰り返すと人間関係が変わっていく

日々のストレスの多くは、人間関係が原因のことが多いように思います。しかし、断捨離を進めていった多くの人たちは、人間関係の悩みから解放されていきます。断捨離したらつき合う人々ががらりと変わったという人も。いったいなぜなのでしょう。

まず、**断捨離でモノや空間と向き合い続けると「自分軸」を取り戻します。**誰かのためにではなく、自分のために、という考え方です。そして、「循環させること（外に出すこと）」も身についていきます。家の中はもちろん、自分の感情にも循環が起こり始めるのです。今までは「こんなこと言ったら失礼かな」など、我慢することを選んできたかもしれません。しかし、自分にとっての快・不快を閉じ込めることなく外に出せるようになると「今まで、なんでこんなことで我慢していたんだろう……」という状況に一変します。それで離れていく人がいても、それこそが断捨離。自分に必要な人、自分がごきげんでいられる人に囲まれて生きていけることに、迷いがなくなるのです。

そして、断捨離は「間」のトレーニングでもあります。呼吸できるような快適な空間をつくり出せる自分になる。それは、実は人間関係でも同じ。夫婦でも、仕事仲間でも、恋人同士でも、友達でも、ご近所さんでも人間同士には心地よい「間」が必要なのです。

断捨離をすると執着がなくなり、他者との「気持ちのいい距離感」をつかめるようになります。するとコミュニケーション力が格段にアップ。そうなれば、不思議にも、もう人間関係に振り回されることはなくなりますよ。

快適の基本 03

他者と快適な「間」ができて、ごきげんな毎日に

モノへの囚われがなくなると、お金が巡ってきます

講座などでよく「断捨離をしたら金運が上がりますか？」という質問をいただきます。そういうとき、私は決まって「では、あなたはなぜ、お金がほしいのですか？」と逆に質問します。多くの人は「不安がなくなるから」「大きな家に住みたいから」などと答えるのですが、それはつまり「自由がほしい」ということ。自由でいられる自分を想像すると、うれしさに胸もふくらみますね。逆に言うと、不自由な自分ではいたくないということです。

では、家の中に意識を向けてみましょう。そこは自由な空間でしょうか。モノがうず高く積み上げられていたり、空間がふさがり、息をひそめるように生活していたり。自由になりたいはずなのに、生活を営む場所が不自由なままなんて、おかしいですよね。

快適の基本 04
断捨離をすると、お金が回り始める

まず、**1日1つ断捨離をしていくと、空間の詰まりが取れ始め、自由自在な空間に変化します**。すると、あらゆるものが清流のごとく流れ始めます。自分の気持ちも、体も、人間関係も、そしてお金も。

断捨離をすると「思考・感覚・感性」が磨かれていきます。自分に必要なもの、自分を上げてくれるものがわかるようになるからです。そのステージに到達すると、無駄なものは必要なくなり、お金を活かせるようになるのです。

断捨離をすると金運云々ではなく、お金が活きてくる。そしてお金の循環が始まる。必要なモノに気持ちよく、心配なくお金を使えるようになるのです。

セルフイメージが入れ替われば、人生が180度変わります

私が断捨離を知り、講座を始めたのは自宅リビングの小さなテーブルからでした。参加した数人の女性に断捨離のメソッドを伝えたのが始まりです。

今の自宅は、巻頭の写真でご覧いただけたかと思います。海が一望できる、理想通りの部屋に住むことができるようになりました。「それは、やましたさんだからでしょ」と思いますか？　いいえ、断捨離を通してセルフイメージが変化し、人生がスパイラルアップしたからです。それは誰にでも可能なことなのです。

セルフイメージとは、自分に対する思い込みとも言えます。「私が理想通りの家に住めるわけない」「高級な食器よりカジュアルなお皿の方が私の暮らしに似合う」「クローゼットを定期的に入れ替えるなんて贅沢すぎる」という、暮らしのグレードを上げられないセルフイメージ。あるいは「私の年収は○○万円くらいが妥当だ」「スト

レスのない人生なんてありえない（だから受け入れる）」といった、自分に制限をかけるセルフイメージもあります。これを逆に考えると、「私は理想の家に住める」「ストレスフリー、私らしくいられる」となりますね。

断捨離をするとなぜセルフイメージが、見事に入れ替わるのでしょうか。それは、モノとじっくり向き合い、空間を変えていく行為はセルフカウンセリングでもあるからです。自分がこれまで何に囚われていたのか。そのことに気づき、取り除いていくのは自ら治癒を促しているのと同じ。**自分の可能性に気づくと、セルフイメージががらりと変わります。**これは頭で考えても実感しにくいもの。行動が意識を変えますから、日頃から上質なモノを自分に与え、セルフイメージを入れ替えていきましょう。

快適の基本

05

行動すれば
セルフイメージも自動的にアップしていく

断捨離を繰り返すと、美しい空間が当たり前になる

現在、断捨離トレーナーとして活躍している人は、１００名以上。安心してください。初めから断捨離できたわけではなく、元々は全員、モノがあふれた暮らしをしていた人たちです。大きく分けると３タイプで、買い物依存、収納マニア、汚部屋出身者。しかし、今では家がスッキリして、素晴らしい人生を取り戻されました。

断捨離を進めて不快をどんどん取り除き、快の空間に整えていくことで、その空間の気持ちよさを目で見て、体感するようになり「違和感」を拾うようになります。空間に対してモノが過剰になっている、間を欠いた（すき間のない）空間になっている、その場所にあってもモノが美しく見えない……などなど。居心地の悪さを感じれば、自然と適正な空間に戻していきます。

　これは、人体に備わっている自律神経の「ホメオスタシス（恒常性）」にも関係します。暑ければ汗をかき、体温を逃がして平熱を保ちますね。それがホメオスタシス。つまり、私たちには不快を快に戻す機能が備わっているのです。

　断捨離前、あるいは始めたばかりの頃は感度が低いため、空間の違和感に気がつきません。空間に対するホメオスタシスが壊れているといってもよいでしょう。しかし、「離」の世界に近づいていくにつれ、その神経は本来の力を取り戻します。**モノにあふれた空間は「不快」で、スッキリした空間は「快」だということがわかる**ため、自動的に元の状態に戻したくなります。感じたことが自動的に行動に変わるため、モノが増えてもすぐ軌道修正して、美しい空間を保てるようになるのです。

快適の基本 06

「違和感」を拾える自分になると軌道修正が簡単に

衝動買い？　もちろん、してもOK！

私は買い物が大好きです。人間にはそもそも狩猟のＤＮＡが備わっていますから。何かを「狩る」ことに興奮し、喜びを得るのは当たり前。だから私たちは買い物が楽しいのです。

でも、断捨離前の買い物と断捨離後の買い物はちょっと違います。それが何かわかりますか？「無自覚になんとなく買っている」か、「意図的に買う」かの違いです。

断捨離は「必要最低限のモノで暮らしましょう」と謳っているのではありません。

自分をもてなすモノに囲まれて、それを使いこなして暮らすことを目的としています。

ですから、買い物をしてはいけない、なんてことはありません。

断捨離の「離」の世界にたどり着いてなお、衝動的にほしいモノならば、おそらく本当に自分を満たしてくれるモノのはず。そんな出合いはむしろ感謝したいくらいですね。そして、その時の自分は空間にもきちんと意識が向いています。衝動買いをしたならば、そのモノのための空間をきちんと確保できるはずです。

断捨離後のあなたは、厳選したモノの中から、さらに厳選して不要な何かを手放すことができる自分になっています。つまり、より厳選されたモノだけに絞られていくということ。これこそが、スパイラルアップしていくプロセスなのです。愛すべきモノだけに囲まれて暮らす幸せを、存分に楽しみましょう。

快適の基本

07

断捨離後の「衝動買い」は運命の出合い

断捨離が進むと、変化することがこわくなくなります

ここ数年、世界にはさまざまな変化が起こりました。私たちの働き方や暮らし方も変わり、価値観が変わった人もいるでしょう。その時に、いち早く変化に対応して生きていくコツは何だと思いますか？

そう、身軽でいることです。

もちろん、カバン1つで生きていこうと言っているのではありません。

モノに溺れそうになり、空間に窒息しそうになっている状態は、ロープでぐるぐる巻きにされているような状態です。執着を手放せなかった期間が長いほど、ロープの材質は鎖のような状態に。身動きも取れず、疲れるばかり。どこにも逃げることができません。

でも、断捨離を進めるとその鎖はほどけていきます。どんどん軽くなり、手足が動

かせるようになり、深呼吸もできるようになります。

生きている限り、**何らかの変化は必ず訪れます。その時に、つねに「自分の最適」をつかみ取っていくことが必要**で、それがラクに生きるコツでもあります。そのためには、身軽であることと、自分の最適を知っていることが不可欠。それを身につけるトレーニングこそが、断捨離です。

また、**変化にも敏感になります。詰まりに気づけばそれを早めに取り除くことができる。**放置していけばどんどん詰まっていきますが、もう放置する自分ではありません。この先、どのような変化が起ころうと、常に身軽で、「今」と「自分」に向き合うことができれば、何も恐れることはないのです。

快適の基本

08

常に「自分の最適」を知る人は、何が起こっても最強

「でも」「だって」「やっぱり」は、人生のブレーキ

断捨離は、「モノや空間に対して無自覚・無意識であること」が問題だと考えます。テレビの収録などで伺うと、必ず聞く言葉が「うちは、番組に出てくる人ほどはモノがないと思います」というもの。もちろんそんなことはありません。押し入れを開けると圧倒的なモノの量。では、なぜそのような言葉が出てくるのでしょうか。

まず、**私たちの脳が認識できる情報量は2割**だと言われています。つまり、**家にあるモノの8割は認識できていない**ということ。そして、もう1つは現実を直視したくないために「私はそんなにモノをためていないはず」という心理が働くから。

これがよくわかるのが、「口癖」です。とくに**「でも」「だって」「やっぱり」**の3**つは、何かに対し抵抗があるときに出てくる言葉**で、自分を守るために無意識に出てくる言い訳とも言えます。「でも使うかも」「だってまだ使えるし」「やっぱり取って

おきます」と無意識に言ってしまう自分。捨てられない言い訳、手放す痛みから自分を守りたい抵抗。

モノを認識できるのは２割と言いましたが、自分が発する言葉も認識しているのは２割。８割の言葉は無意識に口から出ています。無意識というのは潜在意識にあるもの。「でも」「だって」「やっぱり」が多い人は、潜在意識の中で「変化することに抵抗がある」というサインなのです。

今の自分に満足していなければ、今の環境、人間関係、生活が幸せに包まれていないのなら、変化を起こしましょう。口癖に気づき、やめることができたらブレーキは自然となくなっていきます。そうすれば、人生はあっという間に軽やかになり、充実感に満たされていくはずです。

快適の基本 09

口癖に気づき、やめるだけで流れが大きく変わってくる

「本当は……」という言葉に隠された本当の自分に、問いかけ続けて

みなさんもお心当たりがあるのではないでしょうか。何かを聞かれたときに「本当は〇〇なんですけど……」と答える自分。断捨離の現場でも、その言葉を何度も耳にしました。

「この空間を何に使いたいですか？」

「本当は〇〇なんですが、ちょっと無理そうなのでこのように使っています」

もう答えは出ているのに、本人は気づいていないんですね。本当はこうしたい。ならば、そうしようではありませんか。

本が大好きで捨てることができない、という方がいらっしゃいました。確かに、部屋には本がうず高く積まれています。本人は処分することに大きな抵抗を感じているようです。本当はどうしたいのか聞いてみると、「図書館のような空間にしたい」と

おっしゃいました。それが本当の望みであり、自分のもてなし空間です。

図書館のような空間がつくれるように、それ以外の不用品を処分し、大切な「本のある空間」を確保することができました。

断捨離が目指すのは、やみくもにモノを減らすことではありません。**「本当はこうしたい」という夢を叶えること。**本当はカフェのような空間にしたい、本当は好きなインテリアに囲まれたい……。大切な人生、諦めや我慢で過ごすのはもったいないと思いませんか。**断捨離を進めるうちに、本当の望みに必ずたどり着きます。**そうすれば、その空間をクリエイトできるのです。

快適の基本 10

「本当はどうしたい？」と自分に問いかける

トレーナーだから言えること

韓国アイドルのライブ、2列目が当たった！

（断捨離トレーナー　山口由美さん）

「一生、こんな不機嫌な毎日が続くのか……」と悩んでいた山口さん。家族からも「お母さんはいつも怒っている」と思われていました。何に対しても怒りがわき、当たり散らしてしまう自分。でも、どうしていいかわからない。

そんなある日、断捨離講座のお知らせが目に留まりました。「あのやましたひでこさんに会えるんだ！」というちょっとミーハーな気持ちと、この閉塞感をなんとかしたい、という気持ちで申し込み。当時はすべてのことが面倒くさく、お台場で開催されたその講座にも「近所のスーパーにも着ていかない格好」で出かけたそうです。

山口さんは若い頃にキャビンアテンダント（CA）の仕事をしていたこともあり、仕事で訪れた海外でブランドものからテーブルウェアまで、上質なモノをたくさん買う日々でした。食器のセットはフルセットが5つも！　それなのに「いいモノは日常で使うのはもったいない」と、実際に使ったのはほんの数回。3つは一度も使わなかったと言います。独学で「なんとなく断捨離」をしていた山口さんですが、うわべだけ片づけて終わり、という状態が続きました。本気になったのは、断捨離トレーナーの最終認定で、トレーナーに認定されなかったことから。

「すごく悔しかったんです。元々、負けず嫌いなので、そこで本気モードにスイッチが入りました」。そこからは断捨離の本質、つまりモノと向き合いながら自分と向き合うというトレーニングを続け、家にあったモノはみるみる減っていきました。

「テーブルウェアもウェッジウッドとロイヤルコペンハーゲンのセットを残し、あとはすべて処分しました。身を切られるような思いでしたが、徐々に執着が手放せるように。今は、その食器が我が家の日常に昇格しました。処分するこわさは最初だけ。自分への信頼感が増してくると、捨てることの後悔よりもプラスのことが増えてくることがわかったんです」

断捨離で運気の流れがつかめるようになった

まず変化したのが人間関係。断捨離をすることで、儀礼的なつき合いもなくなり、人間関係も一新したそうです。そして「流れ」のようなものを感じるように。

「なんとなくうまくいく方、うまくいかない方、というのがわかるようになってきたんです。不思議なことに、通販で衝動買いしようとすると入力がうまくいかず、エラーが出て結局買えない、ということも」

一番驚いたのが、最近ハマっているという韓国アイドルグループのライブチケットを、3列目、2列目と連続で当てたこと。

「それには驚きましたね。モノが堆積すると、空間が滞って流れが止まり、体の流れも滞って病気になり、心もパツパツになるのでメンタルがやられる。そして人間関係がおかしくなる。これを一気に流すのが断捨離だとわかりました」

山口さんは、運気の流れも大きく変わったと感じているそうです。

「芸能人の方も、大きな役を手に入れたいときは断捨離をすると聞いたことがあります。断捨離は空間、体、心、人間関係すべてにアプローチするもので、それが変わることで、流れが変わるのだと思います。今の私は、当時の私からは考えられないくらいごきげんんで、アイドルのライブを楽しんで、家族とも仲良しに。こんな世界があるなんて、想像もしていませんでした」

1日1つ捨てるだけの「ベイビーステップ」でも、必ず変化が起こせるとのこと。山口さんは「今からジムに行くんです♪」とごきげんで出かけていきました。

断捨離に終わりはない。継続のカギは「断捨離仲間」！

断捨離は地味な作業です。コツコツと続けることで、どんどんよい変化が生まれるというトレーニング。けれどダイエットと同じで、ひとりで続けるのは自分との戦いです。だからやめてしまうことも簡単。そこで、**続ける力になるのが「仲間」の存在**です。

断捨離の講座に参加されたみなさんのことを、私は「ダンシャリアン」と呼びます。ダンシャリアン同士、捨てられない悩みやつまずいたときにどうするのかなど、断捨離仲間として支え合える存在になっているようです。

何事も継続するには仲間の存在が大きいと言われますが、断捨離も同じ。加えて、同じ悩みを持つ仲間なら、家が片づかない自分でも恥ずかしくありません。心の内をさらけ出して相談できるのは大変に心強く、また励みにもなります。

学生時代の友人や仲良しのご近所さんが仲間になってくれるのもよいでしょう。ただし、自分がカッコつけずに本音を言える人であること。ときどき家に来てもらって、進捗をご披露するのもいいですね。

断捨離前は「開かずの扉」があったかもしれません。来客に対して「そこは見ないで！」という場所もあったでしょう。でも、断捨離を通して人生がスパイラルアップした人たちは、美しく生まれ変わった空間を惜しみなく見せてくれます。クローゼットの引き出し1つですら、美しいわけですから。仲間の存在は、そこまでたどり着く力を持っています。ぜひ、素敵な断捨離仲間を見つけてください。

快適の基本

11

挫折せずに断捨離を進められるのは仲間の存在も大きい

「ラスボス」と戦うのは、まず自分のモノを片づけてから

断捨離を進める中で、多くの人が悩むのが家族の存在。断捨離に非協力的であったり、家族のモノが多かったり。処分したくても自分のモノではないので、勝手に捨てるわけにもいかない。捨てる、捨てないで喧嘩になるケースも多く「断捨離がちっとも進みません！」というお悩みをよく聞きます。**断捨離におけるラスボスは「家族」**と言ってもいいでしょう。

私たちはそもそも、他人のモノを邪魔だと感じます。新幹線がよい例です。３人席の窓側に自分、通路側に知らない人が座っているとしましょう。真ん中の席は空いています。そこに通路側の人が荷物を置いたら、ちょっと不快ですよね。逆も然りです。自分が荷物を置いたら相手の人は不快に感じるでしょう。

それは家族でも同じ。他人のモノは、そもそも自分にとって邪魔なモノなのです。

だからそこにあると腹立たしい。でもそれは断捨離を進める中で誰もが通る道ですので、うまく対処して進めましょう。

ラスボスと戦う方法はただ1つ。**自分のモノから断捨離をする**ことです。自分以外の人のモノはとりあえずそのままでOK。徐々に空間が現れて、スッキリし始めると家族の気持ちも変化してきます。すると、不思議と彼らも自分のモノを処分し始めるのです。

ラスボス（家族）のことは心配しなくても大丈夫です。自分が調えば、必ず〝倒す〟ことができますから。そして、この先の人生に登場する対戦相手（ストレスを感じる相手）とも戦える力が身につくのです。

快適の基本 12

黙々と自分のモノを処分すれば家族が動き出す

断捨離が楽しい！それは人生がごきげんなサイン

「モノが減っていくのが楽しい！」「心にも風が抜けて、幸せがこみあげてくる」「しんどかった人生がリセットできた」。断捨離を続けた先には、こんな自分が待っています。

断捨離とは、モノと向き合うことで自分を知り、混乱していた心をほどき、人生をごきげんに変えていくもの。モノ、空間、自分を新陳代謝させて、洗練させていくものです。その結果、自信がない自分とお別れし、貼りついていた執着を手放し、心を悩ませていた人間関係が改善していきます。本当にやりたかったことに気づき、それに向かって行動できる自分にもなっています。まさに、生まれ変わったような自分に出会うのです。モノを捨て続けただけで……。

断捨離は続けていくことで変化が生まれます。最初はペン1本、菜箸1組でも構いません。そこに生まれた小さな空間から、もう変化は始まっているのです。

時には手を止めてしまうこともあるかもしれません。やめてしまいたくなるかもしれません。でも、その時に思い出してほしいのです。断捨離は誰にでもできることを。先輩たちは、誰もが新しい人生を歩き出したことを。

難しい勉強も、資格も必要ありません。目の前のモノと向き合い、自分に問い続けるだけ。「これは、今の自分をごきげんにするモノだろうか」。それができるようになれば断捨離はどんどん加速し、簡単になっていきます。そして、がんじがらめになっていた過去の自分から解放され始めます。どうか、そんな自分に出会う日を迎えるために、「1日1つ断捨離」を楽しんでください。

快適の基本 13
断捨離の先にあるものは、思いもよらない煌《きら》めく世界

まとめ

意識編

まとめを参考に断捨離を進めましょう！

- □ 行動すれば意識が変わり、人生に思わぬ展開を迎える
- □ 第六感のような「感じる」力が身につく
- □ コミュニケーション能力がアップし、人間関係が一変する
- □ 空間が整い始め、お金が回り始める
- □ 生活のグレードが上がり、セルフイメージもそれに合ってくる
- □ 軌道修正する感性が出来上がる
- □ 「価値のある衝動買い」ができる自分になる
- □ 変化の中でも「自分の最適」を手にできる人になる

□ 潜在意識が塗り替えられ、口癖が変わってくる

□ 「本当の望み」を叶えられるようになる

□ 仲間をつくり、断捨離の世界を存分に楽しむ

□ ラスボスに立ち向かえる武器を手に入れる

□ 輝く未来につながっている道を信じて笑顔で歩く

変化を楽しみましょう！

check!

1日1つ断捨離チェックリスト

あなたの周りに捨てるモノがあります！

玄関

- 傘立ての多すぎる傘
- シューズラックの上の飾りや置き物
- 玄関まわりに置いてある開運グッズ
- シューズラックの中の靴
- 三和土に置きっぱなしの靴
- ヨレヨレの玄関マット
- 玄関前に積んだままの新聞・雑誌
- 玄関ドアにつけられたマグネット収納

トイレ

- ヨレヨレの便座カバー
- ホコリのついたペーパーホルダーカバー
- たくさんあるトイレ掃除グッズ
- 壁にかけられた見ないカレンダー類
- トイレタンクにつけた飾りや置き物
- 収納棚のストック類
- トイレ用スリッパやボロボロのマット

浴室・洗面所

- 使っていないスキンケア用品
- 使っていない浴槽のふた
- 使っていない洗面器
- 使いかけの浴室用洗剤
- 洗面台に置いているヘアケア・メイク用品
- スキンケアなどの試供品
- ゴワゴワのタオル類
- 洗濯用ハンガー、洗濯バサミ
- 使い古したバスマット
- ほとんど使わない美容グッズ
- 泊まったホテルのアメニティグッズ

リビング

- 読みかけの雑誌や新聞
- テレビ台に並んでいる置き物
- 壁にかけられたポスター、カレンダー類
- ホコリだらけの観葉植物
- テーブルに積まれたダイレクトメールなどの書類
- 多すぎるクッションや座布団
- 汚れたテーブルクロス
- 多すぎる収納家具
- 手入れが行き届かないカーペット、ラグ
- 汚れや散らかりを覆い隠す布類
- テニスのラケットやゴルフバッグなどの趣味グッズ
- 大きすぎるソファセット
- サイズの合わないダイニングテーブル

例としてご使用ください。
気になるところ、できそうなところから、まずは毎日1か所断捨離。
間をあけて3回トライしていきましょう。取り組んだら□にチェック。

クローゼット

- □□□ サイズの合わない服
- □□□ 若いときに着ていた時代遅れの服
- □□□ 着ても気持ちが上がらない服
- □□□ 毛玉だらけのセーター
- □□□ 何年も着ていないコート
- □□□ 似合っていない服
- □□□ 親がつくってくれたハンドメイドのもの
- □□□ めったに着ないパーティ用のワンピース
- □□□ くったりした帽子
- □□□ 安っぽいヨレヨレのバッグ
- □□□ 使っていないスカーフやショール
- □□□ 使い古した下着や靴下、タイツ
- □□□ 子どもの頃に買ったぬいぐるみ
- □□□ 商品が入っていた空箱や紙袋
- □□□ クリーニング店のハンガー
- □□□ 場所を取る収納ケース
- □□□ しまいっぱなしになっているハンカチ
- □□□ 何年も開けていない段ボール
- □□□ 使っていないアクセサリー
- □□□ バッグの中身
- □□□ メイクボックスの中

キッチン

- □□□ ボロボロのキッチンマット
- □□□ 不衛生な水切りカゴ
- □□□ 洗うのが面倒な三角コーナー
- □□□ 使いこなせていない鍋やフライパン
- □□□ 冷凍庫の中の保冷剤
- □□□ めったに使わないスパイス
- □□□ 使い古した布巾
- □□□ ストック布巾
- □□□ いただきモノの漬物、ジャム
- □□□ 賞味期限の切れている食品
- □□□ のりやひじきなどの忘れていた乾物のストック
- □□□ 日本茶や紅茶などで飲まないお茶類
- □□□ 大量のカトラリー類
- □□□ おみやげでもらった夫婦箸
- □□□ 使わないコースター、ランチョンマット
- □□□ しまいこんだ紙ナプキン
- □□□ 冷蔵庫に貼ってあるたくさんのマグネット
- □□□ 必要以上にある食品保存用容器
- □□□ 使っていない食器類
- □□□ 欠けたり、ひびが入っている器
- □□□ 多すぎる菜箸、ヘラ

□□□ スーパーのレジ袋
□□□ 増殖する使わないエコバッグ
□□□ お弁当についてくる割り箸
□□□ お惣菜についていた調味料
□□□ ミキサーなどめったに使わないキッチン家電

寝室

□□□ 使い古したシーツやカバー
□□□ くたっとした布団
□□□ 枕元に積んだままの書籍や雑誌
□□□ ほとんど出番のない客用布団
□□□ めったに使わないテーブルライト
□□□ 寝室を圧迫する洋服のハンガーラック
□□□ ベッドの下の収納ラック
□□□ 不要な化粧品
□□□ 山積みになった服
□□□ 行き場がなくて飾っている絵

そのほかの場所

□□□ 本棚の書籍や雑誌
□□□ 使用済みの書類
□□□ ほとんど聴かないCD
□□□ 使えなくなった文房具
□□□ お財布の中のレシート

□□□ ペンケースの中身
□□□ 名刺・ショップカード
□□□ 駅でもらってしまったポケットティッシュ
□□□ 見ることのない学校の卒業アルバム
□□□ ほとんど見ない写真
□□□ 旅先で買って忘れている思い出グッズ
□□□ 映画や演劇などのパンフレット
□□□ 何年も前の年賀状、手紙
□□□ ベランダの手入れしていない鉢植え
□□□ 消費期限の切れたクスリ
□□□ 家電の取り扱い説明書
□□□ 以前取った資格や習い事のテキスト
□□□ 鍵についているキーホルダー

※気になるところを自由に書いて使ってください。

人生が劇的に変わる！

断捨離キーワード

- 「自分にこれはふさわしい？」と、いつでもモノに問いかける
- 断捨離にコツはない！　行動あるのみ
- 断捨離の3Actionは「開ける」「広げる」「選択する」
- 未来の不安より、今の「困ったこと」を先に解決！
- 断捨離は、どこから始めても正解

Diary

断捨離ダイアリー

今日からさっそく始めましょう！

月／日	場所／捨てたモノ	感想
7/20	キッチン／カトラリー	スッキリした。次は棚の中！
／		
／		
／		
／		
／		
／		
／		
／		
／		
／		
／		
／		
／		
／		
／		

記入例

1日1つ、断捨離をしてみたら、
日付、場所、捨てたモノ、感想を記録しておきましょう。
毎月、コピーしてお使いください。

月／日	場所／捨てたモノ	感想
／		
／		
／		
／		
／		
／		
／		
／		
／		
／		
／		
／		
／		
／		
／		
／		

〔 著者紹介 〕

やましたひでこ

一般財団法人 断捨離® 代表。学生時代に出逢ったヨガの行法哲学「断行・捨行・離行」に着想を得た「断捨離」を日常の「片付け」に落とし込み、誰もが実践可能な自己探訪のメソッドを構築。断捨離は人生を有機的に機能させる「行動哲学」と位置づけ、空間を新陳代謝させながら新たな思考と行動を促すその提案は、年齢、性別、職業を問わず圧倒的な支持を得ている。『断捨離』(マガジンハウス)をはじめとするシリーズ書籍は、国内外累計700万部を超えるミリオンセラー。アジア各国、ヨーロッパ各国において30言語以上に翻訳されている。

〔やましたひでこ公式サイト「断捨離®」〕
https://yamashitahideko.com

〔やましたひでこオフィシャルブログ「断捨離®」
断捨離で日々是ごきげんに生きる知恵〕
https://ameblo.jp/dansharibl og/

〔断捨離オフィシャル facebook〕
https://www.facebook.com/dansharist/

※「断捨離」はやましたひでこの個人の登録商標であり、商業利用はできません。

STAFF
ブックデザイン・イラスト　八木美枝(yotto)
撮影　大崎 聡
校正　西進社
構成協力　島田ゆかり
編集協力　円谷直子

人生が変わる　1日1つ 断捨離

2023年10月10日　第1刷発行
2023年12月10日　第2刷発行

著　者　やましたひでこ
発行者　永岡純一
発行所　株式会社永岡書店
〒176-8518 東京都練馬区豊玉上1-7-14
電話03-3992-5155〈代表〉 03-3992-7191〈編集〉
https://www.nagaokashoten.co.jp/
DTP　編集室クルー
印刷・製本　クループリンティング

ISBN978-4-522-44056-8　C0077